重构

新合伙人机制

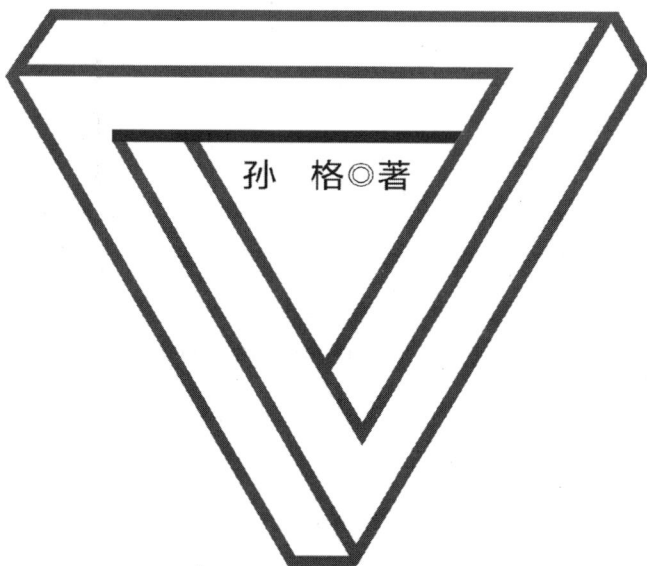

孙　格◎著

中国铁道出版社有限公司
CHINA RAILWAY PUBLISHING HOUSE CO., LTD.

图书在版编目（CIP）数据

重构新合伙人机制 / 孙格著. —北京：中国铁道
出版社有限公司，2022.5
ISBN 978-7-113-28690-3

Ⅰ.①重… Ⅱ.①孙… Ⅲ.①合伙企业－企业制度－
研究 Ⅳ.①F276.2

中国版本图书馆CIP数据核字（2021）第271092号

书　　名：重构新合伙人机制
　　　　　CHONGGOU XIN HEHUOREN JIZHI
作　　者：孙　格

责任编辑：马慧君　　编辑部电话：（010）51873005　投稿邮箱：zzmhj1030@163.com
封面设计：刘　莎
责任校对：孙　玫
责任印制：赵星辰

出版发行：中国铁道出版社有限公司（100054，北京市西城区右安门西街8号）
网　　址：http://www.tdpress.com
印　　刷：三河市宏盛印务有限公司
版　　次：2022年5月第1版　2022年5月第1次印刷
开　　本：710 mm×1 000 mm　1/16　印张：14.5　字数：208千
书　　号：ISBN 978-7-113-28690-3
定　　价：59.80元

这是一本让你学会合伙人机制设计的书，合伙人机制不是你的选择，而是时代对你的要求。

如何实现业绩增长，如何实现业绩高增长，如何实现业绩持续高增长，是每个经营者都要考虑的问题。

在公司经营的道路上不会一帆风顺，会遇到很多曲折坎坷，同时也会遇到很多"明灯"。立大业者，必勤远略，不急近功，既看得远，更行得稳。与股权合伙人相关的都不是小事，只有建立了完善的机制和系统，方能实现公司基业长青。

狄更斯说过："这是一个最好的时代，也是一个最坏的时代。"没有成功的公司，只有时代的公司，公司现在面临变局时，要适应时代的发展，主动拥抱趋势和变化，顺势而为。

在从事合伙人机制与股权顶层设计近 10 年的过程中，我看到很多老板手里拥有股权，却不知道怎样用，忽视了股权的能量和威力；心里想着给员工做合伙人机制设计，却迟迟没有思路，想分又不会分，不分又不甘心，自己孤独地承担所有的风险和责任；构思着用合伙人机制去整合市场，整合公司的经销商和加盟商，扩张"地盘"、扩大市场份额，却没有好的方法和思路；准备引进投资人，却不知道如何保证自己的控制权，如何约定相关条款，担心养大的"孩子"留不住。

我也见过大部分公司在照葫芦画瓢，甚至东拼西凑，无法理解合伙人机制的本质和实施流程，思路不清，方法不对，机制无法匹配公司的发展阶段和战略规划。有的公司设置的合伙人方案是静态的，没有做到动态调整和持续优化，直至停了下来。

公司不进行合伙人机制的整体设计，在经营过程中会产生股权纠纷，甚至会在合伙经营中误入歧途。即使发现了问题，调整成本又非常高，既影响合伙人的干劲和信心，也影响公司的稳定和发展。

每一个能做大的公司，背后都有一套与之相匹配的合伙人制度，像华为的虚拟股合伙人股权激励、小米的事业合伙人制度、碧桂园的同心共享合伙人计划等。

合伙人机制设计得不好，可能会酿成创业事故，创始人被迫离开公司，影响公司的发展，甚至是"车毁人亡"。像雷士照明的吴长江与投资人之争、万科宝能之争等，都为创始人敲响了警钟，需要引起足够重视。

经济学家熊彼特说过，超额的利润来自创新，一旦创新停止，超额利润也就没有了，公司只能获得维持生存的利润空间。合伙人机制就是制度创新，每一次机制创新都会促进生产力的发展，公司经营者要顺应趋势，努力创新，跟上时代发展的步伐。

众所周知，公司的竞争是制度的竞争，是创始人思维的竞争，是公司激励制度和机制的竞争，因此，要想先人一步，必须机制先行，管理跟上。

作为公司经营者，要明确自己有什么？要什么？能放弃什么？未来事业愿景是什么？是未来上市，还是要成为区域或者细分市场的领军者。有什么样的事业愿景和目标，就匹配相应的合伙人机制来支撑，分析现状、瞄准目标，找到实现目标的路径，以终为始，实现长远发展。

合伙人机制的本质是将公司的利益相关者重新设计，自上而下，上下打通，进行利益和事业的深层次捆绑，从原先单一雇佣或合作关系转变为真正的利益共享、风险共担的合伙共生关系，实现彼此利益和价值的最大化。

顶层保证控制权，决策集中；稳健发展，底层释放分红权，增加动力机制，分权分利，凝聚更多的内外部合伙人；最终实现融人、融资、融资源，快速扩张的目的。

经济基础决定上层建筑，合伙人机制是推动公司发展的原动力，股权顶层设计决定公司战略布局，公司选择的行业赛道决定发展的方向。只有机制（动力）和方向（行业大市场）结合在一起，才能发挥巨大作用，助力公司又好又稳又快地发展。

对企业经营者来说，善行利他，看得远、看得高、想得久，要搭建起公司的合伙人机制。越是在经济不景气的时候，越要激励人才、留住人才，去成就利益相关者的初心，突破发展瓶颈，奠定未来发展之路，成为行业领军者。

基于公司在做合伙人机制的现状和困境，我自己也有个初心：做一颗股权心灯，照亮企业家的合伙人机制之路。这本书会让企业家读得懂、学得会，建立能落地的合伙人机制，搭建股权顶层思维和机制系统。

孙　格

2021 年 12 月

目录

第1章　站在顶层，重新理解合伙人机制

第2章 重构新合伙人机制

第3章 合伙人股权分配设计

第4章 内部合伙人机制设计

第5章 内部创业合伙人机制设计

第6章 外部合伙人机制设计

第7章 财税问题案例

第8章 合伙人机制语录

1

站在顶层，重新理解合伙人机制

　　合伙人机制不是简单的分钱规则和激励模式，而是站在事业的逻辑上，从产业的视野、治理的高度、激励的角度，搭建一整套公司的合伙人机制。我们要站在顶层，重新理解合伙人机制。

　　合伙人机制的本质是以利益相关者为中心，建立起合伙利他的公司文化；以完善公司治理结构为核心，打造公司治理体系和管理体系，防止公司"车毁人亡"；以释放分红权为发展方式，统一利益和风险；以保证创始团队控制权为目的，让创始团队掌握公司的命运和发展方向。对内打造凝心聚力的班底队伍，对外不断裂变并迅速扩张、整合资源，抢占市场份额，最终实现业绩的持续增长，让公司基业长青。

1.1 时代合伙人机制

时代在进步，环境在发展，机制在迭代，我们永远不要妄图在一种经营模式上，追逐永恒的公司发展之道。曾经好的机制模式，在面临新时代，面临新时代的年轻人、新时代的商业环境时，已经不适应时代的要求了，如果不做出调整，不做出改变，可能会带你走向衰亡。因此，需要有匹配的机制，能够顺应时代的发展，人的需求，让人人都成为合伙人，实现个人与公司的共赢。

1.1.1 雇佣制与合伙人机制

雇佣制是老板雇佣员工从事商业活动，从中赚取剩余价值，本质上是员工在给老板工作，给多少钱干多少活，双方是雇佣与被雇佣的关系。合伙人机制是公司与员工建立一种共同创造事业、共同承担风险、共同分享收益的合伙模式。也就是说，从为公司干转变成为自己工作，从原先的雇佣关系转变为合伙共生关系。

1. 雇佣制的特点

在农业时代和工业时代，都是雇佣制的天下，主要核心要素为资金、土地、劳动力、企业家才能，其中最重要的是货币资本。地主和资本家掌握着大部分的资金、资源，在当时的情境下资本是强势方，可以雇佣员工为他们工作。这也是雇佣制兴起的原因之一，所以，雇佣制是与当时的社会发展相匹配的。

现在环境发生了变化，雇佣制暴露出很多的弊端。

（1）雇佣制下员工就是"打工"的，定价出卖自己的劳动力和时间，员工拿的是工资，给多少工资就干多少工作，不会主动去做工作，更不会主动去承担额外的责任。从利益最大化来看，同等工资下，少干活才是最划算的，这样导致了员工不思进取，最终受损的是公司。

（2）雇佣制下员工面对的是老板，而不是客户，员工只会为提供利益者负责，是老板给"我"发工资，因此，老板让干什么就干什么。员工自己没有主动性，不懂得为公司操心，不主动承担责任。亚当·斯密曾说过："人的本性就是追求个人利益。"你不会去擦拭一辆租来的车，所以雇佣制是在给别人工作，不利于发挥员工的主观能动性，进而影响生产力的提升，降低公司的发展速度。

（3）雇佣制下员工的工资是固定成本，无论公司是否盈利，员工是要优先获得工资的，即使没有业绩和利润，员工也是要拿走工资的。老板和股东拿的是劣后收益，只有公司有了剩余价值，剩余利润才能分配到老板和股东手里，这无形中增加了公司的成本和老板的风险。

（4）雇佣制下强调的是加强管理，公司设置的规章制度都是对员工的约束和监督，是为了管理员工的行为，管理员工的业绩。作为老板，要时刻盯紧员工，告诉员工这件事是怎么做，如何做，重点在哪里。老板和员工看问题的角度不同，立场不统一，老板与员工是博弈关系，若达不到各自的目的，只会造成内耗。

（5）雇佣制下招人难、留人更难，没有完善的激励体系和晋升通道是招不到优秀人才的，优秀人才要的不仅是当下的福利和待遇，更是未来的价值。但面向未来，如果没有合伙人机制，没有股权的授予是很难吸引高级人才的加入。招进人才不是目的，如何留住人才并且让人才发挥才能，创造出业绩才是目的。雇佣制是很难留住人才的，即便留得住人才的身，也不留不住人才的心，有恒产者才能有恒心。

雇佣制已很难适应时代发展的需要，很难激发员工工作的动力，很难给公司创造更多的价值，无法承担公司经营的责任和风险。老板一个人带着员工往前走，像传统的火车一样，火车跑得快，全靠车头带，又苦又累，还赚得少。雇佣制下，公司利润有限，员工收入不高，必然被符合时代要求的合伙人机制所替代。

2. 合伙人机制的特点

合伙人机制顺应时代的发展，具备多方面的优势，能实现员工、利益相关者、老板、公司多方共赢。

（1）合伙人机制下，员工是"合伙人"，通过利益的绑定，公司赋予员工分红权和管理权，让员工成为公司的主人。当彼此利益一致后，员工的观念和行为也会随之发生变化，不再斤斤计较。原先是员工只有固定工资，干多干少一个样，现在有了利润的分配，有了剩余利润的分享，干得越多，分得越多，员工会主动去工作，主动承担责任。

（2）合伙人机制下，员工面对的是客户，而不是老板，从以老板为中心转变为以客户为中心。以老板为中心，听不到客户的声音，看不到市场的变化，面对危机，束手无策。现在，要回归公司经营的本质，就是以客户为中心，公司存在的理由是为客户创造价值。为客户创造价值的本质是成就客户，追求利润的适量化，在成就客户的同时获得合理的利润，在帮助客户的过程中成就自我。因为你服务好了客户，客户就会给你创造收益。员工踏踏实实、认认真真帮助客户创造价值，与公司共进退，这样的公司才有活力，才有动力，才有未来。

公司在发展过程中，一定要先满足员工对利益的追求，因为人人都想为自己工作，不愿意给别人打工。曾国藩说过："利可共而不可独，谋可寡而不可众。"员工为什么不会像老板那样努力？因为员工给老板工作，老板是给自己工作。如果老板让员工觉得自己是公司的主人，他就会想尽办法努力工作，因为多干就会多得。特别是现在的"90后"，甚至是"00后"，他们需要的是被尊重，需要的是能发挥主观能动性。当新时代的他们成为公司主力军的时候，我们的机制能否跟上时代的发展，能否匹配这个创造价值的主体，就显得格外重要。

在合伙人机制下，员工不是追随老板，而是追随他们自己心中的梦想，老板要做员工梦想的化身，敢于分钱，又懂得分钱。通过合伙人机制的设计，尊重员工，激励员工，让他们一直追随，最终顺利实现公司的目标和愿景，达到共赢。

（3）合伙人机制下，员工实现了身份的转变，收入结构也发生了转变，由固定工资变为浮动收入，公司拿固定利润，员工拿剩余的。因此我们的合伙人就会有主人翁意识，有了股东心态，会降低公司运营的风险，实现自己收入增长和公司营收增长的同步，实现了员工和老板同在一条船上，风险共担的目的。

（4）合伙人机制下，公司强调的是经营，经营要先于管理。管理的主要目的是管控，管控想法、行为、绩效；经营的主要目的是释放员工的能动性、积极性、创造性。强调经营的时候，员工就会关注公司业绩的增长，从而实现公司业绩最大化、成本最小化，员工的收入也随之增长。公司和员工从原先的博弈关系，转变为共赢关系，减少内耗，增加价值。

（5）合伙人机制能更好破解招人难、留人难的问题。人才没留住，主要就是没做好利润分配机制，或者是人才受委屈了。有了合伙人机制，员工的收入与工作努力程度挂钩，实现多劳多得，尊重人才，激发动力。员工更容易被留住，优秀人才更愿意加入公司。栽下梧桐树，引来金凤凰，甚至有的人才是带着资金、带着资源加入公司的。既要给员工现在的股权分红，满足员工眼前的利益追求，也要给员工未来的股权增值，满足员工对于未来价值的追求。

3. 雇佣制与合伙人机制的区别

类　　别	雇佣制	合伙人机制
公司身份	打工人	合伙人
面向主体	面向老板	面向客户
工作目的	为老板干	为自己干
财务视角	人力成本	人力资本
管理风格	被动管理	自我管理
责任承担	共享但不共担	共享共担

丘吉尔说过，不要浪费一场危机。通过危机，能让我们精心思考公司的未来，让我们看清公司的现状，看清公司的抗风险能力，看清雇佣制的弊端。透过危机我们既看到了风险，也看到了机会，更让我们切身感受到了一个雇佣时代的结束和一个新合伙人机制时代的开启。

时代已经发生变化，我们不能故步自封，否则，只能坐以待毙。从雇佣制到合伙人制是从打工谋生到创造价值的升级，从为老板干到为自己干的升级，从一个人的事业到一群人的事业的升级，对自己负责，对自我进行管理和激励，承担起创业责任，升级自己，升级公司。雇佣时代已远去，合伙人机制时代已经到来，真正的创业者，要成事，要干成一番大业，需要顺势而为。

1.1.2 老板都要学会合伙人思维

采用合伙人机制，首先，老板要提高自我认知能力，拓宽思考维度。在公司搭建激活团队的机制，通过合伙人机制的设计，实现公司长远的发展。学习合伙人机制，老板根据自己公司的实际情况，一步步导入，分层分级实施，使其发挥出合伙人机制的巨大作用。

利用好合伙人机制，老板要做到以下几点。

1. 要提高自我认知能力，拓宽自我思考维度

老板最重要的工作是什么？是赚钱，还是分钱？

赚钱就是选好项目，做对事，找对员工，把业务做好，赚到钱。老板自己单打独斗，感觉什么都会，结果去参与市场竞争，跟别人"打仗"，总是输，赚的都是小钱，这是老板最初级的工作模式，是最基础的思维模式。老板很累，员工没干劲，特别在公司经营困难期间，只有老板一个人睡不着觉。58同城创始人姚劲波曾说过，之前做公司就是自己一个人干，自己可以做编程，可以做Logo，也会做一点上传服务器工作，甚至可以做产品，结果公司始终做不大，对此非常苦恼。后来招到了一流的人才，分配了利益和股权，建立了合伙人机制，公司才慢慢做大并实现了上市。

刘德华之前说过一句话，在人生路上，你学到了，就要教于人；你赚到了，就要分与人。作为老板，你要想赚到更多的钱，就要建立合伙人机制，更要学会分钱，把钱分给员工，把名分给员工，把权分给员工，员工工作就会更有动力，公司才能发展起来。创始人去招优秀的工程师、优秀的销售人员、优秀的技术人员、优秀的运营人员，公司有了合伙人团队，创造出了业绩，有了利润，在融资的时候，估值也会更高。

公司是做大的，还是分大的呢？不是公司做大了，再去分钱，而是分钱了，公司才有可能做大。员工是最大的变量，也是最大的力量。老板重要的任务是建立合伙人分配机制，做一个分钱者，而不是赚钱者。只有这样，老板才能把最大的变量转变为最大的力量。

与谁分钱？与公司的利益相关者分钱，包括公司的员工。用股权的思维，通过合伙人制的方式，把员工发展成内部合伙人，统一利益，用股权去换取公司业绩和利润。从合作关系变为合伙关系，打造无边界团队，快速拓展市场，用股权去换取公司的市场规模。

只有分得好，才能合作得好、分好蛋糕不是目的，在分好蛋糕的前提下，做大蛋糕才是我们的目的。分的是谁的钱呢？不是分老板的钱，不是分存量的钱，而是分明天的钱、市场上的钱、增量的钱。有创造，再分钱，分得越多，才能赚得更多。

案例：通过"三步法"做出让员工积极工作的分钱方案

这是一个老板咨询的问题："又到年底了，年终奖怎么发？"

对这个问题，任正非曾经说过："公司管理最难的工作是如何分钱。"看来分钱是个大学问，钱分好了，能解决一半以上的管理问题。好的利益分配机制是公司持续发展的动力。钱分不好，容易留不住人才，激励不了核心骨干员工，没有以客户为中心，没有前进的动力，容易产生内讧，影响公司的持续发展。

如何科学地发放年终奖，如何才能激发员工创造更多价值，激励员工拼命工作？这是每一个老板需要思考的问题。

分钱主要有两种方式：

一种是人对人分钱，说白了就是拍脑袋分钱。到年底了，老板感觉今年各位做得不错，就叫到办公室，给一人发一个大红包，同时对每个员工说，红包金额要保密，结果员工一出门，大家都知道彼此的奖金数量了。常言道，不患寡而患不均。分得不合理，分得无标准，导致员工产生横向和纵向的对比，人为制造矛盾。

另一种是按照制度进行分钱，提前设置好分钱的方案、分钱的标准、分钱的规则。有的公司的年终奖是多发一两个月的工资，这是无法激发员工的斗志。要制定动态的分钱方案，与公司的盈利情况挂钩，制度和规则公开、公正、透明，让人人有安全感和积极性。年终奖也不是均分，而是以价值贡献和创造为导向，谁贡献的价值大，谁分配的价值就大。因此，公司要实现从人对人分钱到按照制度分钱的转变，这样才能让员工拼命工作。

通过"三步法"，做好分钱方案的设计。

第一步：确定奖金分配的总量。

可以按照公司年度净利润的一定比例进行提取，比如，完成公司年度净利润目标 1 000 万元，提取净利润的 10% 作为公司的奖金，进行发放。也可以根据超额利润区间增量进行提取，比如，完成 100 万元净利润，不提取；完成 100 万~200 万元部分，提取 10%；完成 200 万~300 万元部分，提取 20%；完成 300 万元以上部分，提取 30%。利润贡献越多，提取比例越高，更具激励性。还可以根据公司的利润率或资产收益率进行提取，利润率或收益率越高，提取比例越高。

超额利润奖金分配提取规则

净利润完成数额	奖金提取比例
300万元以上的部分	30%
200万~300万元的部分	20%
100万~200万元的部分	10%
100万元以内的部分	0

第二步：确定部门的奖金分配系数和分配数量。

根据公司整体的战略布局，各个部门的战略贡献价值，匹配部门系数，奖金发放的系数区间一般为1~3，比如，价值贡献高的部门，如销售部门的系数为3，运营部门的系数为2；价值贡献低的部门，如生产部门的系数为 1.5，客服部门的系数为 1。每个部门的贡献系数，可根据公司实际情况进行测算。

部门分配奖金的具体数量 = 公司奖金分配总金额 × 本部门贡献系数 ÷ 所有部门贡献系数之和。这样就算出了自己部门的奖金数量。

第三步：确定部门人员的考核系数和分配奖金数量。

根据部门内部的岗位重要性进行职级系数的确定，一般为 1~3。比如，总监级的系数为 3，主管级的系数为 2，员工级的系数为 1。同时每个人的具体分配数量还要跟个人的考核系数挂钩，根据个人的绩效完成率确定考核系数。

员工个人分配的具体数量 = 部门奖金分配数量 × 个人职级系数 ÷ 部门所有人员职级系数之和 × 个人考核系数。

如果员工个人考核得分低于 60 分或者出现重大失误，公司可以取消该员工的奖金分配权。当然，可以召开奖金颁发大会，彰显仪式感，表彰优秀，总结复盘，改进不足。

总结：公司要建立起奖金分配方案，以公司战略部署为重点，以奋斗者为本，以公平为原则，以多劳多得为导向，确定奖金总量，部门分配总量，个人分配方式，这样才能激发员工的工作积极性，从而推动公司持续发展。

2. 要有一套匹配的合伙人制度

任正非曾说过，华为成功的核心是因为分钱分得好。把钱分好了，能解决一半的问题，华为的虚拟股激励机制吸收了近 10 万名员工成为合伙人，这是推动华为快速发展的重要利器。

小米创始人雷军也说过，单打独斗已经成为历史，知识经济共享时代，需要优秀的人汇聚在一起，以事业合伙人机制凝聚人才。雷军是这样说的，也是这样做的。小米最早的联合创始人，一共有 8 个人，分别是创始人、董事长兼 CEO 雷军，联合创始人总裁林斌，联合创始人及副总裁黎万强、周光平、黄江吉、刘德、洪锋、王川，其中，有 5 个人为"海龟"人才，每个合伙人都能够独当一面，个个都是精英，基本上都实现了财务自由，为了共同的事业又走到了一起，实现人生梦想的再启航，达成了合伙人之间共创共享共担的事业共识。

雷军在招聘员工和合伙人时，会问他对待遇的要求，是想要高工资、低股权，还是中工资、中股权，还是低工资、高股权？如果你想要高工资，说明你还是一个打工者，没有创业心态；如果你想要低工资、高股权，说明你看好公司未来的股权价值，愿意承担相应的风险，具有创业心态，具备奋斗者精神，愿与公司同呼吸共命运。小米通过合伙人模式的建立，推动了公司的快速发展和顺利上市。

自己考核自己，自己给自己发工资，是最大的激励。以前，员工拿固定工资，公司拿剩余利润。采用合伙人机制后，公司拿固定利润，员工拿剩余利润，激发了员工的能动性。没有不好的员工，只有不好的机制。因此，每一家公司都要有匹配的合伙人制度。

1.1.3　公司里有几个像你一样操心的合伙人

假设公司的员工总人数是 100 人，那合伙人是 1 人、10 人，还是 50 人？合伙人的人数不同，有什么区别呢？反映了什么呢？对公司的影响又是怎样的呢？这需要我们每一个创始人好好思考。

1. 公司的合伙人为 1 人

只有老板一个人是合伙人，剩余的 99 人都是打工人，这是典型的"个体户"。根据权威报告显示，2020 年全国个体经营户总量约为 8 000 多万户。这说明大部分的商业从业者都是一个人在经营，甚至有的公司都做到了几百万元的规模，股东还是他一个人，这种公司是封闭的，缺少股权的开放，收益和风险都是老板一个人的，这样的公司很难再做大。如果我们把公司打造成平台，运用好股权机制，有更多的人才加入，引进更多的资金和资源，公司才会发展得更好。

在个体户公司的模式下，只会出现打工者，出现雇佣者，他们不会为公司去操心。在公司的股权上，都不向他们倾斜，他们怎么会为公司去操心，更不用说会自动自发地工作。老板不断给员工画大饼，不断地监督检查，可结果往往是事与愿违，收效甚微。这是由公司的激励机制和老板的格局决定的。

2. 公司的合伙人超过 10 人

当公司里的合伙人超过 10 人的时候，说明老板已经开始释放股权，先向自己的核心团队开放，让核心的高管通过获得股权的方式成为公司的合伙人，成为公司的奋斗者。这些人懂得为客户创造价值，懂得去降本增效。为公司操心的人变多了，公司就会发展起来，公司才可能更有竞争力。

3. 公司的合伙人超过 50 人

公司里的合伙人越多，当超过 50 人，也就是超过一半的时候，说明公司已经变成平台，对内建立起内部创业平台，设立事业部合伙人、分子公司合伙人、集团合伙人，员工已经成为合伙人、成为创业者、成为小老板，优秀的人才不断加入，优秀的产品不断涌现，业绩和利润不断增长。如果公司继续发展，还可以建立外部创业平台，发展城市合伙人、供应链合伙人、销售合伙人，整合渠道、市场、资源，实现快速布局和扩张。合伙人为 100 人时，人人都是合伙人，人人都是创业者，实现内部创业和外部创业的协同。

华为的合伙人已达到全体员工的 50%，接近 10 万人，所以能发展成为行业第一，每年的销售额和净利润持续增长；阿里巴巴有超过 1 万名的合伙人，成了互联网巨头；小米的合伙人人数占比达到了 37.8%，接近 5 500 人拿到了小米公司的股份，短短 10 年时间，成就了一个营收额超过 1 000 亿元，市值近 5 000 亿元的公司。合伙人获得股权激励，人人都为小米公司贡献自己的智慧。

每一个老板要提高自我认知能力，拓宽自我思考维度，建立与公司发展相匹配的合伙人机制，把劳动者变为奋斗者，把管理者变为运营者，把老板变为投资者。老板做好老板该做的事情，成为机制的设计者，成为平台的搭建者，成为资源的整合者；员工做好员工该做的事，成为合伙人、成为小老板，关注业绩、关注成本，提高利润、获得收入。穷则独善其身，达则兼济天下。只有建立起合伙人机制，逐步去释放股权的力量，成就员工，成就合伙人，才能实现公司百年基业。

案例：合伙人机制成就了海底捞

当初海底捞在港交所上市，市盈率达到 70 倍，股价先涨后跌，与发行价持平，市值接近 1 000 亿港元。经过了 20 多年的发展，海底捞已经连续多年位居火锅市场占有率第一，成为国内第一家营收超百亿元的餐饮巨头，在全球中式餐饮业中排名榜首，因出色的服务体系而闻名。

其实，海底捞的快速发展离不开合伙人机制的助推。通过合伙人机制，海底捞解决了餐饮行业规模化、标准化、复制化、食品安全等这些长期存在的问题，实现业绩快速增长和产业规模化发展，最终成为餐饮行业巨头。

创始人张勇给出的解决方案是"建立机制，连住利益，锁住管理"。一方面，把员工与公司利益捆绑在一起，激发员工能动性，激活团队；另一方面，向门店下放经营权的同时，由总部来管控风险，实现分工明确，整体赋能，责任到位。

师徒制和分红模式的利益捆绑，是海底捞合伙人机制体系的核心。张勇说过，自己投入精力最多的就是机制建设，一直在研究机制。海底捞采取扁平化管理方式，在合伙人机制上采用了"师徒制"。每个员工在进入海底捞工作时都配有一名师傅，二者的利益是牢牢捆绑在一起的。

一个店长带出的徒弟，如果成了一名新店长，那么老店长将有两种收入选择方案：

方案 A：拿其管理餐厅利润的 2.8%，相当于是干股分红权，享有分红收益。

方案B：拿自己管理餐厅利润的0.4%＋徒弟管理餐厅利润的3.1%＋徒孙管理餐厅利润的1.5%。

这种激励制度能够激励老店长为海底捞培养更多的新店长，实现团队合伙人复制和门店裂变，为海底捞快速拓展新门店打下了人才储备基础，建立了人才梯队。对店长的考核虽然不包括经营指标，但店长的收入与自己门店的经营，徒弟的培养、徒孙的培养，徒弟的餐厅、徒孙的餐厅经营利润挂钩。所以，不用专门考核利润，店长也会重视利润，因为利润与自己的收入息息相关，形成团队利益共同体，上下同欲者胜。

为了实现师傅和徒弟门店的联动和责权利的统一，海底捞设置了末位淘汰制。海底捞将门店分类，根据经营情况和管理水平分为A、B、C三个等级。A级门店是表现优异的最高级门店，店长拥有开新店的权利，店长的徒弟也享有优先成为新店长的权利。B级门店是表现令人满意，但仍有进步空间的门店。C级门店是最低级别的门店，如果首次被认定为C级门店，C级门店的店长不能开新店，还要接受培训，改善门店的管理水平。如果门店出现食品安全事故，则会直接被认定为C级门店。连续数月被认定为C级门店，C级门店店长的师傅也会承担相应的责任。这就相当于设立了店长的升降进退机制，有明确的激励，又有相应的考核和约束，师傅和徒弟被捆绑在一起，实现了责权利的统一。

每个季度，海底捞会根据神秘嘉宾评级及上述其他标准得出每家门店的最终评级，与各店长的评级挂钩——实现了责权利的统一。

为了实现组织架构协同，海底捞还搭建了扁平化的管理模式，建立抱团小组，形成整体作战。一般由5~18家门店组成，大多以存在师徒关系的门店为主，选出有能力的店长担任组长。抱团小组内门店互帮互助，共享信息、渠道和资源，共同解决区域门店的发展和管理问题,拓展及经营好新店,并对落后门店进行辅导支持,通过自我管理,自主经营,提高整体门店管理效率和经营业绩,实现我中有你,你中有我,从抱团取暖到抱团取胜。海底捞已成立了 37 个抱团互助小组,涵盖 300 多家门店,逐步提升了门店盈利能力、抗风险能力和门店裂变复制能力。

总结: 海底捞公司的文化是"与人为善",用双手改变命运,尊重员工、下放经营权,赋予他们权力。同时建立师徒制和合伙人利益捆绑机制,形成利益共同体和事业共同。海底捞的合伙人机制是典型的向下裂变复制,没有进行总部的股权释放就达到了激励的目的。让师傅培养徒弟,实现区域的股权绑定,门店层面的股权绑定,尊重员工,充分放权。合伙人机制成就了海底捞,使其成为餐饮巨头。

1.1.4 推行合伙人机制的四个核心理念

在推行或者落地合伙人机制时,需要关注四个核心理念,因为掌握了这四个理念,会让我们在设计合伙人机制时,理念正确,方向明确,思路可行,落地有效。它们分别是:人力资本比货币资本更重要,强调的是人力资本的价值;合伙人比商业模式更重要,强调的是选择合伙人的重要性;控制权比股权更重要,强调的是创始团队只有拥有控制权,才能掌控公司的未来;公司治理比公司管理更重要,强调的是完善公司的治理结构,防止"车毁人亡"。

1. 人力资本比货币资本更重要

《华为基本法》中有很重要的一句话:"我们强调,人力资本不断增值的目标优先于财务资本增值的目标。"这体现人力资本的重要性。

现在,人才的重要性越来越凸显,成为决定事情成败的关键要素。新经济时代放大了人才的价值,一个人就是一家公司,像著名网红带货主播,一个人创造的业绩甚至可以超过很多上市公司的业绩,这就是人才价值的体现。因此，决定公司发展的最终是人才，谁能尊重人才，谁能经营好人才，谁能建立留住和激励人才的合伙人机制，谁就能在激烈的市场竞争中占得先机。人才已成为公司创造价值的关键因素，新经济时代是人力资本的时代，是人力资本雇佣货币资本和多方资源的时代，这也是人力资本凸显价值最好的时代。21 世纪最重要的不是资本，而是人才和激发人才持续奋斗的合伙人制度。因此，我们要高度重视建立合伙人机制，设计好合伙人机制，才能决胜未来。

2. 合伙人比商业模式更重要

合作也好，合伙也罢，一般都要经历两个阶段。第一个阶段先要以事修人，即通过做事来了解一个人，看看这个人是否能够把事情做好，如果各方面都做得很到位，说明这个人就是一个可靠的合作伙伴或合伙人。王阳明说过："人须在事上磨炼，做功夫，乃有益。若只好静，遇事便乱，终无长进。那静时功夫亦差似收敛，而实放溺也。"第二阶段是以人成事，当你很了解一个人，很信任这个人时，你就愿意支持他，吸纳他为合伙人，事的背后是人，了解合伙人，才能更好地做好合伙人机制。

小米创始人雷军曾说过，今天的互联网创业，如果你控制 100% 股权，把公司做成功的概率近乎零。创业就是梦想分享的过程，跟投资人分享，跟最优秀的工程师分享，跟最优秀的销售分享，跟最优秀的员工分享。合伙人比你的商业模式更重要，合伙人有可能比你的爱人更了解你，找到并与合伙人一起去做事业，成功率更高。采用合伙人机制的公司，更有前进的动力。投资人投的是股权结构，投的也是项目发展潜力，归根到底，投的是创业合伙人团队。这就要求创始人找到合伙人，重视合伙人，愿意与合伙人分享股权，成就更多的合伙人。

3. 控制权比股权更重要

中小公司的创始人要高度重视控制权的设计，能安天下（市场和竞争对手等），更要安左右（股东、合伙人、投资人等）。刘强东曾说过，如果不能控制这家公司，我宁愿把它卖掉。为什么华为要让工会委员会持股。小米的雷军为什么要进行同股不同权的 AB 股设计，这些背后其实都是创始人控制权的设计。创始人争的是什么，表面争的是股权，实则争的是控制权，是对公司未来方向的把握，是对经营体系、价值观和文化的掌控。随着公司的发展壮大，不断地融资，创始人的股权会被不断稀释，这时候更要注意控制权的设计。有了控制权，才有创始人的话语权，才有公司的长远未来。因此，进行合伙人机制设计，必须重视控制权设计。

4. 公司治理比公司管理更重要

老板和决策者关注和思考的是管理层（脖子）以上关于权利分配、决策和监督管控等事情，这是公司治理的内容。总经理和管理层思考的是管理层（脖子）以下关于公司经营管理的事情，即，如何实现公司业绩增长、内部稳定等。管理层（脖子）以上叫公司治理，管理层（脖子）以下叫公司管理。公司治理是"三会一层"对公司的结构设计，一些重大问题，比如，增资扩股或减资、修改公司章程、合并或解散公司、变更公司形式等，这不是总经理能做的"管理"决定，而是股东会、董事会才能做的"治理"决定。特别是确定设立股东会或合伙人委员会的议事规则，哪些事需要二分之一以上表决权股东通过，哪些事需要三分之二以上表决权股东通过，这些都是治理结构的问题。

公司管理的重点是总经理、管理层、中层如何把公司决策的经营管理事务等执行到位；公司治理的重点是公司股东和决策相关者思考如何去对权利进行分配，决策公司重大事情，保证公司正确的发展方向。公司管理决定公司能飞多高，合伙人机制决定公司能跑多快，治理结构决定公司能走多久。作为老板，做好合伙人机制，重点是做好公司和合伙人的治理，这样才能实现公司又好又快的发展。

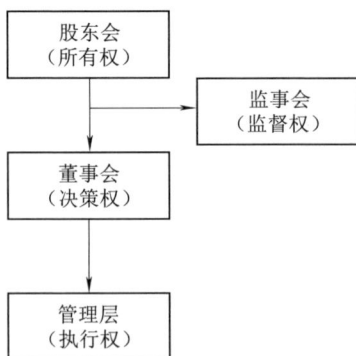

公司治理结构图

1.1.5　落地合伙人机制的三大前提

现在，无论是股权激励，还是合伙人机制都很火，因为雇佣制存在弊端，合伙人机制的时代到来了。因为遇到危机，更让我们感受到机制的力量，从共创共享走向共担共识，这样的公司才具有竞争力和向心力，在困难面前不退缩，在危机面前拧成一股绳，同在一条船上，众人划桨开大船。

对此，有的老板会问，我的公司适合采用合伙人机制吗？进行合伙人股权激励需要什么条件呢？原则上，大公司需要合伙人机制，小公司更需要，但是所有的事物发展都是有规律的，不能完全照搬照抄。合伙人机制是好东西，但是我们在落地过程需要结合自己公司的实际情况，匹配适合的激励模式，这样才能发挥作用。要把合伙人机制做出效果，需要有三大前提。

1. 第一个前提：老板的初心和格局

采用合伙人机制是为自己，还是为大家，还是为公司？老板要树立大格局，完成经营公司从利己主义转变为利他主义，从成就小我转变为成就大我，这个很重要。不再是单纯为了一己私利，引入合伙人机制，为了成就员工，成就客户，成就合伙人，当很多人都在为公司发展操心的时候，公司就不会倒下。稻盛和夫曾说过，钱是帮助他人解决问题后，给你的回报。当利他之心升起的时候，你的回报就会伴随而来。

同时，老板要站在员工的角度考虑机制的建设。古人云："多得不如少得，少得不如先得。"在利益面前，员工宁要少而能兑现的，不求虚多而难以兑现的。因此，老板在机制设计层面，要充分弄懂员工的利益诉求，让员工看到眼前的利益。短期给员工利益和分红；中期让员工看到公司发展前景，看到公平合理的晋升空间；未来让员工看到自我价值的实现。为了自己的事业在奋斗，为了共同的事业在奋斗，从追求自我到追求无我的事业版图拓展。

创始人的格局和高度是公司高度的天花板，是想做区域性的公司，还是想成为全国性的公司；想成为赚钱的公司，还是值钱的公司；想成为行业的追赶者，还是行业的领军者，有什么样的格局，就会吸引什么样的合伙人，就会有对应的合伙人机制。想要成为区域性的公司，只需要做好当地市场，完成产品线，开拓好市场，做好内部的合伙人机制，激励人留住人。想要成为全国性的公司，不仅需要关注品牌，关注营销，做好内部股权激励，还要深入研究城市合伙人扩展模式，实现快速的市场扩张、资源整合。想成为赚钱的公司，要关注现金流和净利润，做好当下的事情，一步一个台阶，还要找合伙人。想要成为值钱的公司，需要关注资本运作，市值管理，公司估值，要以股权换时间，以股权换空间。行业追赶者，只能学习强者，没有定价权，没有话语权，比如，只能赚取存量利润，有限的收益，股权的价值是有限的。如果能够成为行业的领军者，就可以成为行业标准的建立者，赚取的是超额利润，这是无限的收益，股权的价值也是无限的。

2. 第二个前提：公司的基础管理体系

公司的内部考核制度是否完善？公司的岗位职级是否建立？公司的晋升制度是否完善？公司的利润核算是否合理规范？合伙人持股的单元是否能够独立核算？合伙人的治理是否到位？公司的文化建设是否合理？这都与合伙人机制的落地效果息息相关。

为什么在合伙人机制设计中我们要重视人力资源体系建设？1997年，在《华为基本法》的起草过程中，起草小组的一位教授问任正非："人才是不是华为的核心竞争力？"任正非答道："对人才进行有效管理的能力，才是公司的核心竞争力。"可以看到，公司的管理体系对于人才的管理、对于建立公司核心竞争力的重要性。因此，公司内部的人力资源管理体系是合伙人机制落地效果的保证。

从合伙人的人选来看，需要岗位职级做支持，人人都有机会成为合伙人，但首期的合伙人人选，还是建议先从中层和高层开始选拔，这就涉及管理序列、业务序列、技术序列、运营序列等岗位职级设定，明确岗位职责，确定好职级，把合伙人的入选条件约定清楚。

从合伙人的考核来看，公司的目标管理和合伙人的考核管理是合伙人机制的核心，因为我们采用合伙人机制，本质是价值交换，要创造增量实现业绩的增长，因此，必须有合伙人的评价体系，简单地说，就是需要有考核体系做支撑。公司层面的合伙人，要与公司的考核目标挂钩，合伙人的分红要与个人的考核结果挂钩。比如，我们可以设置三至五个考核指标，既要关注公司的大盘子，也要做好自己的小地盘。如果考核评级连续两年低于60分或低于合伙人的平均值，则要回购该合伙人的股权，取消合伙人资格。事业部或项目部层面的合伙人，重点要考核销售额和净利润、人员培养、人员流失率、管理能力等。

从合伙人的升降进退来看，合伙人晋升的标准要约定明确，要让合伙人看到希望，要有实实在在的评价体系。这就需要从定量指标、定性指标、价值观层面建立标准，要从季度、半年度、年度考核周期设立标准，在每年增发的股份中明确增授股份数量的标准，按照年初的目标责任书和年终的考核结果进行汇总和考核。如果股权需要进行置换，还要明确本单元的估值和置换主体的估值情况，建立估值的公式和标准，遵循股随人动。如何考核不合格，降低合伙人权利和股份，这也要有明确的标准。回购的股份数量，合伙人待遇的收回，要通过数据量化，客观公正，这都需要建立完善的晋升降级体系。

从合伙人的培养来看，公司未来的竞争是合伙人机制的竞争，合伙人机制的竞争背后是合伙人能力和合伙人文化的竞争。因此，对合伙人的能力培养和文化培养是关键因素。获得市场竞争的胜利，需要一支有凝聚力和专业性的合伙人团队。人力资源部对合伙人的能力培训、能力评估、文化培训、价值观考核要发挥强有力的支持作用，支撑合伙人的能力建设、文化建设，使其成为一支立场坚定、能力过硬、价值观一致的合伙人队伍。

3. 第三个前提：员工的能力和准备

不想当将军的士兵，不是好士兵；不想成为合伙人的员工，不是好员工；不想承担创业责任的员工，不适合当合伙人。合伙人的成就离不开公司，公司的发展也离不开合伙人。

推进合伙人机制建设，是公司与员工的双向选择，公司有这样的机制，员工要提前做好相关准备，是想成为普通的员工，是想成为合伙人，还是想成为卓越的核心合伙人，这是双方的选择。

适应业务发展的合伙人能力准备包括：

（1）执行能力。执行能力是合伙人需要具备的关键能力。有句话说得好，一流的创意加三流的执行，也比不过三流的创意加一流的执行。从中可看出执行力的重要性。而合伙人要起到上传下达的作用，不仅要领会公司发展的意图和规划目标，目标的分解和实现，也要求合伙人有高效的执行力。如何才能有高效的执行力呢？首先，要做正确的决定，要分析公司层面的战略意图和方向，分清工作任务的重点和难点。其次，要正确地做事，按照流程和程序来做事，做好人员分工，资源调配，过程控制和监督。最后，还要把事情做好，执行时以结果为导向，优化过程，全程把控。把员工的目标和团队目标结合在一起，实现价值认同和利益一致，这样的执行，才有效果。有了执行力，才是一个合格的合伙人。

（2）沟通能力。沟通能力是合伙人的必备能力，尤其是与其他员工的沟通和跨部门之间的沟通。在与员工沟通时，要明确自身定位，给予员工充分理解和尊重，你坦诚，员工才会坦诚。沟通要作为解决问题的前置步骤，多换位思考，与员工共同分担问题。在跨部门沟通中要做好准备工作，真诚相待，强调事实，提前准备好方案，共同把目标完成。沟通能力也是一种生产力，让人心悦诚服地接受更是一种能力，沟通能力对于合伙人来说是必备技能。

（3）领导能力。榜样的力量是巨大的，合伙人的一言一行，员工都能看到。合伙人每天是否有积极的工作状态，是否将公司文化融入平时的工作中，这都会影响身边的员工。合伙人管理最好的实践就是进行自我管理。对下属要制定明确的岗位职责，对工作内容了如指掌，赏罚分明，使每个人的绩效最大化。同时学会合伙人从管理者到领导者的转变，领导自己的团队，武装自己的团队，带领团队成长，这样团队才有凝聚力和进取心，才能实现业绩的增长。

（4）经营能力。经营能力要求合伙人要经营好公司的各方面，做好对内和对外的经营，成为公司的宣传者和营销者。对内，领导员工践行公司的价值观，做好员工的选用育留工作，创造出高绩效、高价值。对外，宣传公司的价值理念，把公司的产品营销出去，成为更好的推广者和营销者。要关注公司的销售收入、各项成本和费用，关注风险、扩大利润，提高盈利能力。同时，具备创业心态，有责任心，做事格局大，做人大格局。

1.2　公司与合伙

做好合伙人机制，需要了解公司，公司通过合伙，实现了所有权和经营权的分离，提高了生产贸易的活力，推动了商业文明。同时，公司的成立和演变，也推动了合伙关系的发展。有限责任公司的成立，让股东承担有限责任，便于吸纳更多的股东，降低了运营风险。设计控制权和收益权的分离，可以吸纳更多的合作伙伴，实现了人才、资金、资源更好地结合，形成更长久的伙伴关系。公司与合伙人息息相关，相辅相成，共同促进。

1.2.1　公司制是合伙的起源

公司制是伟大的发明，有了公司，才有了员工、股东、客户，才有了商业文明的起源，才有了工业创新、技术创新、商业创新和社会价值的巨大创造。

最早的公司也是由一群陌生人合伙创建，创业者出人力，投资者出资金，各自分配股份，所有权和经营权分离，股东可以转让或卖出自己持有的股份。公司如果经营出现亏损，股东只需要承担有限责任，不会让投资者倾家荡产。有限责任制度极大激发了创业者的热情。

我国早期的商业组织，还没有公司制的组织类型，基本是合伙的模式，就是要承担公司的连带责任，要拿自己的财产承担债务，这样就会限制组织的发展。有限责任公司的出现,释放了生产力,让更多的人参与创业,参与公司的经营,保护股东的利益,股东承担有限责任。当然,这显然是对债权人不利,对公司和股东有利。

1.2.2　有限责任公司与无限责任公司

每一个老板在设计股权架构时,首先,需要了解公司有哪些类型,你成立的是个体户,还是合伙企业?是一人有限责任公司,还是股份有限公司?到底是注册有限责任公司,还是无限责任公司?一定要根据公司发展的目的、商业筹划的目的来匹配公司的类型。

1. 有限责任公司

不同的公司类型各有各的优势,也各有各的缺点。在注册公司的时候,要明确自己所要达到的目的。根据不同的阶段和不同目的,去注册适合自己发展阶段的公司类型,统筹安排,实现价值最大化,风险最小化。

有限责任公司主要包括:一人有限责任公司、有限责任公司、股份有限公司,都是承担有限责任,需要缴纳企业所得税。

具体分析如下。

一人有限公司是指只有一个自然人股东或者一个法人股东的有限责任公司,股东只有一人。这里需要注意的是,《公司法》规定,一个自然人只能投资设立一个一人有限责任公司。该一人有限责任公司不能投资设立新的一人有限责任公司。

当一人有限责任公司的股东不能证明公司财产独立于股东自己的财产时,应当对公司债务承担连带责任。如果创业者注册了一人有限责任公司,同时又用它来做个人经营,自己的钱和公司的钱很容易混淆,所以自己要把本人的财产和公司的财产独立开。否则,公司对外有了债务,老板可能要承担无限连带责任的。对此,《公司法》第六十三条规定,一人有限责任公司的股东不能证明公司财产独立于股东自己的财产的,应当对公司债务承担连带责任。

数量最多，平时常见的就是有限责任公司，最少有 2 个股东，最多有 50 个股东，股东承担的是有限责任，风险小。股东以认缴金额来承担责任，注册资本是认缴制的，股东的出资时间可以约定为短期，也可以约定为长期。当然，不建议初期注册资本太大，适合自己的才是最好的。除非是特殊行业，比如，金融行业、保险行业、工程类公司、贸易招投标公司等对注册资本是有要求的，一般是不低于 500 万元。之前有个客户因为要参与国有企业的招投标——注册资本要求不低于 5 000 万元，客户就先增资，实现了合作方的要求，随后进行了减资。因为《公司法》第三条规定，公司是企业法人，有独立的法人财产，享有法人财产权。公司以其全部财产对公司的债务承担责任。有限责任公司的股东以其认缴的出资额为限对公司承担责任；股份有限公司的股东以其认购的股份为限对公司承担责任。认缴不是认而不缴，公司在经营过程中如果有了债务，股东还是需要承担责任的。

比如，公司注册资本是 100 万元，公司在合法经营时出现了 500 万元的负债，股东只需要承担 100 万元的责任。如果注册资本是 500 万元，就要承担 500 万元的责任，债权人有权要求把认缴的金额实缴到位，股东认缴多少金额，就是承担相应的责任，股东应该特别注意。

如果注册资本过高而我们的估值没有达到公司的注册资本时，这对于投资人来说，要承担超过投资额的责任，相当于是"绑架"了投资人。这样的融资方式，投资人是很难接受的。因此，刚开始创业时，创业者在选择注册资本时，要量力而行，不要太高，适合即可。初创期，可以参考股东的初始投入，因为增资容易，减资难。公司减少注册资本时，必须编制资产负债表及财产清单，公司应当自作出减少注册资本决议之日起 10 日内通知债权人，并于 30 日内在报纸上公告。债权人自接到通知书之日起 30 日内，未接到通知书的自公告之日起 45 日内，有权要求公司清偿债务或者提供相应的担保。

因此，刚开始，注册资本小一点，后续需要投入的话，再注资，以降低承担的责任和风险。

　　在公司治理层面，比如，如果股东人数不多，公司规模也不大的话，设置一名执行董事就可以，决策效率高，让执行董事来履行董事会的职责。

　　之前有个客户不想成立一人有限责任公司，为了实现公司的注册，就找一个朋友帮忙，让朋友持有1%的股权，这个朋友不参与经营和管理，只享受分红，这就很麻烦。最可怕的是这个股东对外还欠债，成了失信人，公司的股权就有可能被查封，非常容易产生股权纠纷。因此，一方面要注意注册公司的类型，另一方面在注册公司的时候也要注意风险。如无必要，尽可能降低注册资本；尽可能不要为了注册而引入其他无效股东。

　　当有限责任公司发展到一定阶段，规模不断扩大，快要上市的时候，就需要改制成股份有限公司。有限责任公司强调人合性，股份有限公司强调资合性。上市公司都是股份有限公司，主要特点是同股同权，公司的全部资本会被划分为若干份相等的股份，股东持有的股权是用多少股来表示的，以认购的股份为限来承担责任。同时，股份有限公司需要设置完善的治理结构，搭建股东大会、董事会、监事会、管理层的"三会一层"治理结构，上市公司还要聘请外部董事或独立董事等。与有限责任公司相比，股份有限公司的财务数据公开程度更高，上市公司还要向公众公布财务报表，经营数据更公开透明，要依法披露信息。股东人数为2~200人，股东向股东以外的人转让股权时不受限制，可以自由转让。

　　刚开始创业，不建议一开始就成立股份有限公司，因为股份有限公司是同股同权，特别是在股权比较少的情况下，很难保证创始人的控制权。初创公司决策集中，强调的是股东之间的信任，后期发展起来后，再搭建完善的公司治理结构也完全来得及。股份有限公司对外转让股份时不会受太多限制，容易把信誉不好的人引进公司并使其成为股东，这样一来，公司对股东的管理难度会加大。

　　之前，有个客户是做通信的，10多个股东联合创业，因为不懂股权设计和公司类型，直接就注册为股份有限公司。因为股权分散，没有核心大股东，导致股东治理麻烦重重。为此，还成立了董事会，结果没有董事会的议事规则，没有治理机制，导致效率低下，直接影响了公司的发展。在适合的发展阶段匹配适合的公司类型至关重要。

2. 无限责任公司

带公司名称的组织，一般都不是公司法意义上的公司。个人独资企业、合伙企业（有限合伙企业和普通合伙企业）、个体工商户、各种经营中心等，这类组织的典型特点是承担连带责任，也就是无限责任公司。

（1）个人独资企业

个人独资企业，主要是指个人出资经营，产权归个人所有和控制，由个人承担经营风险和经营收益的企业。股东主要是指自然人。很多创始业者分不清个人独资企业和一人有限责任公司有哪些区别。个人独资企业与一人有限责任公司是完全不一样的。法律主体层面，一人有限责任公司是具有独立法人资格的，承担有限责任，投资人是一个自然人或一个法人；个人独资企业不具有独立法人资格，投资者以个人财产对公司债务承担无限连带责任，投资人是一个自然人。税收义务承担层面，一人有限责任公司需要缴纳企业所得税，分到股东手中的红利还需要缴纳个人所得税；而个人独资企业因为不具有法人资格而不用缴纳企业所得税，投资者为纳税义务人，取得红利时缴纳个人所得税就可以。

（2）合伙企业

合伙企业主要是指由合伙人签订合伙协议，共同出资、共同经营、共担风险，并对企业债务承担无限连带责任的营利性组织。合伙企业一般是无法人资格的，所以不缴纳企业所得税，根据合伙人类型缴纳个人所得税。合伙企业又分为普通合伙企业和有限合伙企业，国有独资公司、国有公司、上市公司以及公益性事业单位、社会团体不得成为普通合伙人。普通合伙企业由2人以上的普通合伙人（没有上限规定）组成，普通合伙人对合伙企业债务承担无限连带责任，比如，一些律师事务所、会计师事务所是普通合伙企业。有限合伙企业由2~50人的普通合伙人和有限合伙人组成，其中，普通合伙人和有限合伙人都至少有1人。有限合伙企业里的普通合伙人对合伙企业的债务承担无限连带责任，有限合伙人仅以其认缴的出资额为限对合伙企业债务承担责任。

（3）个体工商户

在从事商业运营的市场主体中，个体工商户数量最多。《2020 中国个体工商户洞察报告》显示，截至 2020 年 8 月，我国在业或存续个体工商户共计 8 920 万个。市场监管总局数据显示，中国个体从业人数目前已超过 1.76 亿人，相当于每 8 个人中就有 1 个人是个体户。

个体工商户是指自然人从事工商业经营，经依法登记，不具备法人资格。个体工商户可以起字号。个体工商户的债务，个人经营的，以个人财产承担；家庭经营的，以家庭财产承担；无法区分的，以家庭财产承担。因此，从承担责任来看，个体户承担的是连带责任，风险比较大。同时没有股权的概念，原则上不能转让，不能进行连锁发展和规模发展，很难招纳投资人和合伙人。如果需要招纳合伙人，需要通过合伙协议进行约定。如果你想把公司做大，想招纳投资人，想引进优秀的人才，最好用公司形式去运作，承担有限责任，实现股权价值的最大化。

个体工商户是自然人经营，缴纳增值税；不是法人，不缴纳公司所得税，只缴纳个人所得税，因此可以进行税收的筹划和设计。

增值税层面。根据《财政部 税务总局关于明确增值税小规模纳税人免征增值税政策的公告》（2021 年第 11 号）的规定：自 2021 年 4 月 1 日起，小规模纳税人发生增值税应税销售行为，合计月销售额未超过 15 万元（以 1 个季度为 1 个纳税期的，季度销售额未超过 45 万元）的，免征增值税。适用于增值税小规模纳税人（包括：企业和非企业单位、个体工商户、其他个人）。

个人所得税层面。根据《国家税务总局关于落实支持小型微利企业和个体工商户发展所得税优惠政策有关事项的公告》（国家税务总局公告 2021 年第 8 号）第二条（一）和第四条的规定：2021 年 1 月 1 日至 2022 年 12 月 31 日，对个体工商户经营所得年应纳税所得额不超过 100 万元的部分，在现行优惠政策基础上，再减半征收个人所得税。个体工商户不区分征收方式，均可享受。

个体工商户缴纳的方式为查账征收方式和核定征收方式，不具备建账条件的个体户，可以进行核定征收，就是定额交税，核定额低，缴税就少。个体工商户核定征收的缴税计算公式为：年度应纳税所得额＝年度销售收入额×应税所得率，年度应纳税额＝年度应纳税所得额×适用税率－速算扣除数。个体工商户经营所得税，按照 5%~35% 超额累进税率进行征收。

级数	全年应纳税所得额	税率	速算扣除数
1	不超过30 000元的	5%	0
2	超过30 000元 至90 000元的部分	10%	1 500
3	超过90 000元 至300 000元的部分	20%	10 500
4	超过300 000元 至500 000元的部分	30%	40 500
5	超过500 000元的部分	35%	65 500

有限责任公司与无限责任公司的区别：

	有限责任公司	无限责任企业
公司种类	一人有限责任公司 有限责任公司 股份有限公司 国有独资公司	个人独资企业 普通合伙企业 有限合伙企业 个体工商户
承担责任	有限责任 风险小 可以资本运作	连带责任 风险大
税收承担	企业所得税	无企业所得税 可以申请核定征税

1.2.3　有限合伙企业的合伙人机制设计

在合伙人机制设计中，遇到有限合伙企业的情形是比较多的，常用的合伙人持股平台就是有限合伙企业，特别是在合伙人人数比较多时，就实现了间接持股的目的。

有限合伙企业主要有以下优点。

1. 保证控制权，释放分红权

有限合伙企业是天然的同股不同权设置，合伙企业通过合伙协议约定具体的进入规则、议事规则、退出规则。可以约定创始人作为普通合伙人，委托自己为执行事务合伙人，决定合伙人的进入、合伙人转让财产份额的受让人等。其他合伙人为有限合伙人，只享有分红权和增值权，并且分红可以跟考核挂钩。这

华为投资控股有限公司工会委员会 → 99.123 5%
任正非 → 0.876 5%
华为投资控股有限公司
100%
华为技术有限公司

华为公司的股权架构

样即使创始人只占有 1% 的份额，也可以通过合伙协议约定享有 90%，甚至 100% 的表决权，放大创始人的控制权。这就实现了分红不分权，保证了创始人的控制权，就像华为的任正非一样，设置了华为投资控股有限公司工会委员会，本质上也是一个员工持股的合伙企业，这样保证了任正非对华为的控制权。

同时，为了规避普通合伙人的连带责任，创始人可以通过先成立一家有限责任公司，以有限责任公司作为普通合伙人。当然，有限合伙企业只作为持股平台，创始人担任普通合伙人，一般不会产生债务责任。

2. 有限合伙企业不交企业所得税

根据《国家税务总局关于〈关于个人独资公司和合伙企业投资者征收个人所得税的规定〉执行口径的通知》（国税函〔2001〕84 号）的规定，合伙企业对外投资分回的利息或者股息、红利，不并入企业的收入，而应单独作为投资者个人取得的利息、股息、红利所得，按"利息、股息、红利所得"应税项目计算缴纳个人所得税。

合伙人分得的利息、股息、红利所得按合伙协议约定的分配比例分配，合伙协议未约定分配比例的，按合伙人数平均计算自然人和法人的红利所得。但合伙协议不得约定将全部利润分配给部分合伙人。

如果把有限合伙企业注册在有税收返还的洼地，还可以进一步降低个

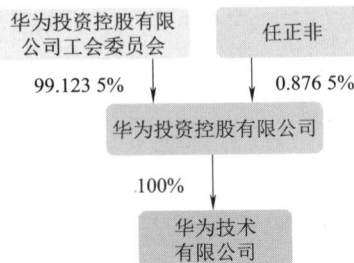

人所得税。分红不交企业所得税，合伙企业在转让股权的时候也不用交企业所得税，因为转让股权是按照生产经营所得，采取"先分后税"还可以进行核定征收，进一步降低税负。

3. 有限合伙企业规避合伙人因离婚而分割股权

企业里面一直有一个隐名合伙人，即股东的配偶。现在离婚率很高，我们要高度重视股东离婚对公司股权稳定所造成的影响。前车之鉴就是土豆网，以及当当网夫妻股东之争，都为公司的股权完整性敲响了警钟。如果公司的股东太多，合伙人太多的话，必须让合伙人进入有限合伙企业进行持股，同时约定合伙人离婚时仅享有财产权益，不能享有合伙人资格，否则，由其余合伙人回购属于该合伙人配偶的股权。

4. 规避合伙人不签字

如果合伙人人数太多，治理起来会比较麻烦，公司的文件需要全体股东签字，仅召集或开会就需要很长时间。中小公司讲究的是效率，所以要把股东集中起来，装到合伙企业里面，然后授权普通合伙人签字就可以了。之前，有个客户做股权激励，一上来做的就是实股激励，而且还给合伙人注册了，结果因为意见不合，公司需要向银行贷款，这个小股东不仅不签字，而且还要挟大股东，最终贷款没有审批下来，影响了公司的发展。

5. 合伙人进入或退出都在有限合伙企业里完成

把合伙人装进有限合伙企业，可以规避因股东进入或退出而影响主体公司股权结构稳定性。如果进入或退出都在合伙企业里进行，通过财产份额转让协议可以约定清楚，实现股权变动的平稳过渡，否则，在主体公司层面，又要开会，又要表决，还要行使优先购买权，耗时耗力，影响股权结构和创始人控制权。把合伙人装进有限合伙企业，即使出现股东纠纷，也是在持股的合伙企业层面，影响不了主体公司，实现风险隔离。

6. 有限合伙企业可以规避不同股东的联合

在设计合伙人机制时，如果有的合伙人是内部员工，有的是外部经销商，建议注册成立两个持股平台，一个专门放员工，一个专门放经销商，防止内部员工和外部经销商联合，这也是我们不建议太多股东直接注册持股的重要原因，一方面容易造成内外部股东联合，倒戈大股东；另一方面因为引入投资人后，股东与投资人联合，影响公司的控制权，容易出现股权斗争。

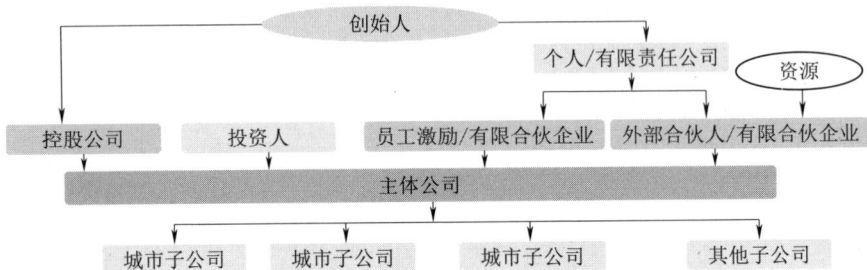

比较理想的有限合伙企业的持股架构

1.2.4 母公司、子公司、分公司

公司在发展过程中会面临规模的扩大与产品线的延伸问题，这时候我们就要考虑设立母公司，子公司或分公司。《公司法》规定，公司可以设立分公司。设立分公司，应当向公司登记机关申请登记，领取营业执照。分公司不具有法人资格，其民事责任由公司承担。公司可以设立子公司，子公司具有法人资格，依法独立承担民事责任。

母公司的设立一般是出于集团化布局的考虑，主体公司作为母公司去控股下面产品线的子公司、销售公司、供应链公司、城市子公司等，因为有了母公司，才有子公司。

子公司是独立的法人，拥有自己独立的名称、公司章程、股权结构、组织机构，财务上独立核算，自负盈亏。如果子公司在经营活动中产生债务债权由子公司来承担责任，母公司只以出资额为限承担有限责任。分公司则不具备独立的法人资格，没有独立的名称，名称一般是 × 公司分公司，由总公司依法设立，只是公司的一个分支机构，类似于办事处或事业部。因为分公司不具备独立的法人资格，分公司经营中出现债务是由总公司进行清偿，以总公司的全部资产来承担分公司债务责任。

母公司对子公司的控制主要通过股权比例来实现，比如，约定股东会的议事规则，掌握控制权，或者控制子公司董事会董事的席位，还可以通过协议约定，母公司享有实际的经营控制权。分公司的财务、人事、经营都是由总公司直接控制，在许可的范围内进行公司的经营活动。

选择成立子公司还是分公司？可以从以下几个方面考虑：

1. 从分、子公司的盈亏情况来看

当总公司盈利，新设立的机构可能出现亏损时，应当选择总分公司模式，这样可以抵减总公司的利润，降低税负。如果新设立的机构，可以有盈利，则选择注册为子公司，财务独立核算，自主经营，自负盈亏，还可以享有小规模纳税人的税收优惠。根据税法规定，分公司是非独立纳税人，其亏损可以由总公司的利润进行弥补。如果设立子公司，子公司是独立纳税人，其亏损只能由以后年度实现的利润弥补，且母公司不能弥补子公司的亏损。如果当地有税收优惠政策，可根据实际情况进行分、子公司的注册。

2. 从公司资质方面来看

如果开展相关业务需要资质，成立分公司会比较合适，这样分公司与总公司是绑定在一起的，不需要额外再去申请资质。如果不需要资质，可以考虑成立子公司，方便运营。

3. 从风险承担方面来看

分公司因为不具有独立法人资格，如果经营中出现风险及相关责任，可能会牵连到总公司。而子公司是独立承担法律责任的，母公司是以认缴的出资额为限承担有限责任。

4. 从股权概念来看

分公司没有股权概念，可以独立核算，有财产份额，股东无法注册。子公司可以有股东，有股权比例，可以进行工商注册，总公司通过控股管理子公司。

5. 从股权激励角度来看

分、子公司都可以独立核算，只要做好利润分配就可以。但分公司无法进行注册股的设计，一般只能通过虚拟股或者合伙协议做激励，子公司可以做虚拟股或实股的设计，实现子公司核心团队（合伙人）的升降进退机制的设计。

	分公司	子公司
责任承担	总公司承担	独立承担
财税特点	汇总缴纳所得税	独立缴纳所得税
公司资质	无须重新办理资质	需要重新办理资质

1.2.5 学会成立多家公司

为什么老板要成立多家公司来进行组合式的运营？更多是出于节税的考虑，减免增值税，降低企业所得税。另外，就是为规避公司的经营风险，或是为未来成立控股公司，实现税收筹划和集团管控。建议老板成立以下几个公司。

1. 至少应该成立法人控股公司

成立法人控股公司的目的是投资（公司钱包）和消费（个人钱包）。如果你是自然人持股，公司分红，股东需要缴20%的个人所得税。如果你要投资于其他公司，也是个人投资的话，还是用缴过个税的钱去投资，这就产生了很多税负。发展到一定阶段后，你要从自然人持股转变为法人持股，控股母公司运作，实现利益最大化，税负最小化。

创始人成立一家控股公司（母公司）后，再去持有主体公司的股权，控股公司取得分红免交企业所得税，分红进入控股公司后可以去投资其他子公司或者产业公司形成资金池，对外去投资也是免税的。因此，公司达到一定规模后，尽可能不要自然人持股，否则，分红时需缴纳20%的个人所得税。如果老板个人确实需要资金，可以在控股公司层面实现一部分，这样就可以少缴一部分个人所得税。

法人持股投资于其他公司所产生的投资收益是免税的，这是有相关法律规定的。税法规定，居民企业之间直接投资收益免交企业所得税。具体参考《企业所得税法》第二十六条规定，企业的下列收入为免税收入：（一）国债利息收入；（二）符合条件的居民企业之间的股息、红利等权益性投资收益……

根据《企业所得税法实施条例》第八十三条规定，企业所得税法第二十六条第二项所称符合条件的居民企业之间的股息、红利等权益性投资收益，是指居民企业直接投资于其他居民企业取得的投资收益。企业所得税法第二十六条第（二）项和第（三）项所称股息、红利等权益性投资收益，不包括连续持有居民企业公开发行并上市流通的股票不足 12 个月取得的投资收益。

因此，我们要从原先的自然人持股模式转变为法人持股模式。

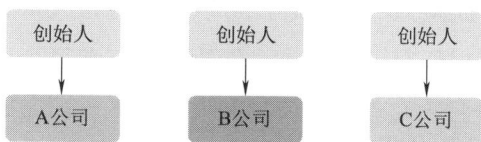

自然人持股的架构模式

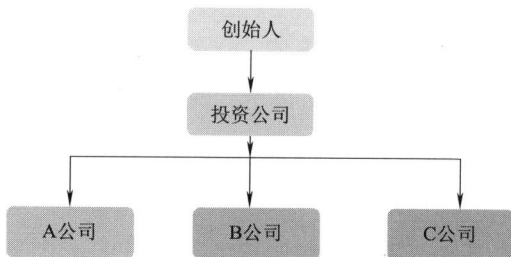

法人持股的架构模式

2. 要学会成立项目公司

如果公司的项目和业务很多，应该成立多个项目公司，目的是节税和规避风险。小公司做大不容易，但是大公司做小很容易，而且是很好的选择。公司里有很多项目，我们可以以一个项目组建一家公司，可以以利用小微公司的税收优惠，小规模季度不超过 30 万元免征增值税的规定，合理合规的降低税负。

还可以由销售部独立成立一个公司，采购部独立成立一个公司，项目和项目之间是独立的公司。独立的法人主体，彼此不牵连，各自都是独立承担责任。公司和公司之间可以交易，组合起来使用，降低企业所得税，规避项目和公司的风险。

一家酒店集团客户，在重新梳理股权架构的时候，搭建了酒店管理公司、酒店装饰公司、酒店运营公司、酒店用品公司等，达成了公司跟公司之间的交易，公司与公司之间的风险隔离，降低了税负，实现了整体的税收筹划和管控。

3. 学会成立合伙企业

如果公司发展到一定阶段后，准备实行合伙人机制或股权激励，需要引进多名激励对象和合伙人时，不想让激励对象直接持股，规避股东人数太多，不好治理，风险太大的问题，可以搭建合伙人持股平台，让激励对象在合伙企业里面担任有限合伙人，创始人担任普通合伙人。同时在合伙协议里约定，普通合伙人有表决权，有限合伙人，即激励对象，只有分红权和增值权，实现表决权和收益权的分离，保证了创始人的控制权。

4. 要会成立个体户或个人独资企业

公司业务很多，零星采购而没有发票的话，就要考虑成立个体户或个人独资企业，或者是核定征收的主体，以解决没有发票的问题。个体户购买之后，再把发票开给实体公司，以达到财务规范。

5. 学会成立资产管理公司

如果创始人有很多知识产权，比如，专利，也可以单独成立资产管理公司，需要使用的时候，可以通过股权转让的方式进行操作，便于风险割离和财富传承。

如果你已经是自然人股东持股，如何进行调整呢？下面我们通过一个案例来分析。

案例：通过股权的调整设计，实现节税数百万元

一家生产制造公司，创始人本人持股90%，其他股东持股10%，注册资本100万元，公司有未分配利润1 000万元。现在创始人要进行新公司的组建，自己和研发人员想成立一家技术研发公司，需要资金500万元，打算从生产制造公司取出，投入研发公司，实现公司的

技术突破。

现在第一个问题来了：如何成立研发公司呢？是创始人自然人持股，还是通过法人持股？这500万元的资金，如何从生产制造公司提取出来？我们知道，通过股东分红获得的收益需要缴纳20%个人所得税的，500万元的资金，仅个税就是100万元。

如何才能实现节税呢？我们建议这位创始人按照以下方案来设计持股架构。

新研发公司，创始人不要以自然人的形式持股，而是先成立一家投资公司（不一定是带"投资"字样的公司，管理咨询公司也可以），通过投资公司，再去持有新研发公司的股权，也就是从自然人持股改为法人持股。为什么要这么设计，因为，税法规定，符合条件的居民企业之间直接投资可以免税，不缴纳企业所得税，即，不分到个人手里的钱就不用缴个人所得税。如果未来创始人还要成立销售公司，也可以用投资公司去持股，实现节税的目的。如果投资公司对外投资失败，这属于投资损失，是可以税前扣除的。

如果创始人确实需要现金，可以以股东分红的形式获得股利，缴一部分税就可以。

接着第二个问题又来了，这个投资公司现在没有资金，那么，这500万元的资金，从何而来？方案是把原先生产制造公司的自然人股东变成投资公司股东，然后分红到投资公司，投资公司再去投资成立研发公司。

怎么变换持股的架构呢？有以下两种方案。

第一种方案：投资公司通过股权转让的方式进入公司。

股权转让会涉及税的问题，这位创始人把本人的股权转让给投资公司，需要其他股东同意，同时原则上要按照净资产的价格转让，从100万元的注册资本到1 000万元未分配利润的净资产，股权有增值，这就涉及个人所得税的问题。但是我们可以只转让一小部分，比如，转让 10% 的股权，先让投资公司成为生产制造公司的股东，然后通过股东会决议，把 500 万元的资金直接分红到投资公司，这 500 万元的投资所得就不用缴税了。这样的操作是否合法呢？《公司法》规定，股东可以不按照出资比例分配红利，也就是我们常说的同股不同利，只要其他股东同意就可以。

第二种方案：通过增资扩股的方式进入公司。

前提也是股东要同意，投资公司以增资扩股的方式进入生产制造公司，这里不涉及税的问题，但是会涉及注册资本的增加。投资公司进入公司之后，再按照同股不同利的方式进行利润分配，这样投资公司就可以获得 500 万元的免税收入，再投资成立研发公司。

总结：创始人成立一家投资公司，投资公司以股权转让或增资扩股的方式进入生产制造公司，然后通过股东分红的方式获得红利，再用这些钱投资到研发公司，这样就可以实现节税的目的。持股架构的调整，会使公司发展更好，股东收益更大。

随着公司的发展，创始人要学会成立多家公司，明确各自的目的和作用，哪些承担的是有限责任，哪些承担的是连带责任，哪些需要缴企业所得税，哪些不需要缴企业所得税，哪些可以进行核定征收，哪些可以进行单独设计，哪些可以进行组合设计。根据不同的商业目的进行灵活合理的搭配使用。进行税收筹划时，实现公司和个体户的结合运用，降低税负；进行股权架构调整时，从自然人持股变为法人持股，达到交易结构和交易模式的改变；实施股权激励合伙人制时，搭建有限合伙企业作为持股平台，保证控制权。

2

重构新合伙人机制

重构新合伙人机制，需要我们重新了解股权，认识股权，明确股权的作用。股权是手段，事业发展才是目的。明确股权运营的控制原则、分享原则、价值原则，同时要重新明确合伙人的选择方法，明确谁是我们真正的合伙人，如何找到合伙人。事业成功的背后是合伙人，合伙人的背后是合伙人机制。找到了合伙人，就要去搭建多级合伙人体系，达到分层分级、分步分期实施合伙人机制，留住和激励合伙人。

2.1 合伙人机制中股权的作用

在进行合伙人机制设计时，股权发挥了重要作用，股权代表股东或合伙人对公司享有的权利，其中，最重要的权利就是表决权（控制权）和收益权（分红权），因此，对股权进行设计，让创始团队拥有公司的控制权，让利益相关者拥有公司的收益权。熙熙攘攘，皆为利往，有的合伙人要奶油，有的合伙人要蛋糕，有的合伙人既要奶油也要蛋糕，可以分别设计，满足不同合伙人的需求，达到实行合伙人机制的目的。

2.1.1 股权的概念

股权是什么？从产权理论来看，股权的本质是股东对一个公司或者组织的所有权，该权利就是让股东去承担公司的创业责任与经营风险，同时又分享公司发展成果，实现利益共享、风险共担的目的。股权同时也是一组权利的集合，包括多种权利，主要权利有：身份权、表决权、分红权、转让权、经营权、继承权和处置权等。

股权组合

序　号	股东权利	释　义	依　据
1	身份权	证明自己是公司股东	股东可要求公司将其名称记载于股东名册，有限责任公司还需向股东出具出资证明，股份公司向股东签发股票作为凭证
2	表决权	参与股东会或股东大会对普通或重大事项表决	有限责任公司股东参加股东会，对股东会决议享有表决权。股东会会议由股东按照出资比例行使表决权；但是，公司章程另有规定的除外。股东会会议作出修改公司章程、增加或者减少注册资本的决议，以及公司合并、分立、解散或者变更公司形式的决议，必须经代表2/3以上表决权的股东通过

续表

序　号	股东权利	释　义	依　据
2	表决权	参与股东会或股东大会对普通或重大事项表决	股份有限公司股东出席股东大会会议，所持每一股份代表了一表决权。但是，公司持有的本公司股份没有表决权。股东大会作出决议，必须经出席会议的股东所持表决权过半数通过。但是，股东大会作出修改公司章程、增加或者减少注册资本的决议，以及公司合并、分立、解散或者变更公司形式的决议，必须经出席会议的股东所持表决权的2/3以上通过
3	分红权	根据公司经营情况获得分红收益和优先认购	有限责任公司股东按照实缴的出资比例取得红利；公司新增资本时，股东有权优先按照实缴的出资比例认缴出资。但是，全体股东约定不按照出资比例取得红利或者不按照出资比例优先认缴出资的除外
4	转让权	股东对内或对外转让股权	有限责任公司的股东之间可以相互转让其全部或者部分股权。股东向股东以外的人转让股权，应当经其他股东过半数同意。其他股东半数以上不同意转让的，不同意的股东应当购买该转让的股权；不购买的，视为同意转让。经股东同意转让的股权，在同等条件下，其他股东有优先购买权。两个以上股东主张行使优先购买权的，协商确定各自的购买比例；协商不成的，按照转让时各自的出资比例行使优先购买权。公司章程对股权转让另有规定的，从其规定 股份有限公司股东持有的股份可以依法转让。股东转让其股份，应当在依法设立的证券交易场所进行或者按照国务院规定的其他方式进行
5	知情查阅权	股东知悉公司运营状况和财务状况	有限责任公司股东有权查阅、复制公司章程、股东会会议记录、董事会会议决议、监事会会议决议和财务会计报告 股份有限公司股东有权查阅公司章程、股东名册、公司债券存根、股东大会会议记录、董事会会议决议、监事会会议决议、财务会计报告，对公司的经营提出建议或者质询
6	继承权	自然人股东去世后，继承人继承	有限责任公司自然人股东死亡后，其合法继承人可以继承股东资格；但是，公司章程另有规定的除外
7	解散权	股东请求解散公司	公司章程规定的营业期限届满或者公司章程规定的其他解散事由出现；股东会或者股东大会决议解散；公司经营管理发生严重困难，继续存续会使股东利益受到重大损失，通过其他途径不能解决的，持有公司全部股东表决权10%以上的股东，可以请求人民法院解散公司

案例：运用股权的"四重境界"

1. 无中生有

股权100%都在你手里，并没有发挥应有的作用，你的公司规模还是很小，所有的风险、责任、业绩都需要你一个人承担，所有能做大的公司背后都一套适合自身发展的股权制度。这时的你应该先进入第一层境界，要学会无中生有。股权是推动公司发展的重要工具，用股权去激励员工，达到条件后，再授予股权，这是分明天的钱；用股权去整合市场，向经销商开放股权，达到业绩后，再授予股权，这是用股权去换取市场；还可以用股权去换取公司发展需要的资金，用股权去融资，达到风险共担，利益共享。用好股权，从无变有，进入第一层境界。

2. 有中化无

通过股权文化、公司的价值观、股东的管理，使员工从有我到无我，从自私到无私，进入未来共同的事业层面，未来的愿景层面。引导好公司的文化，让员工都有事业心，去除小我，成就无我，成就彼此共同的事业，这样的组织、这样的团队才是无往不胜的团队。胜则举杯相庆，败则拼死相救，这才是有共同事业愿景，有使命信念的组织文化。用股权文化，达到有中化无，进入第二层境界。

3. 转变观念

在公司经营中遇到问题，我们要转变思维和观念，不再把镜子照向外面，而应该照向自己，正所谓"行有不得，反求诸己"，要向内看、向内求。

进入第三层境界后，我们运用股权要转变观念，把股权变得开放，吸引资金型合伙人、资源型合伙人、管理型合伙人、顾问型合伙人，从盈利层面转变到解决问题层面，把股权释放出去，不再只想着如何去赚钱，要想着是否给客户创造出尽可能多的价值，是否成就了利益相关者，是否为社会解决了相关问题。从利己层面转为利他层面，不再只想着自己，要想着如何去利他，如何去成就员工、成就客户、成就投资人、成就利益相关者。学会转变思维和观念，学会转化心境，放大创始人的格局，看得远，想得深，做得久。

4. 借假修真

学股权、用股权的过程，从某种意义上说，是在修行。把股权用好是战略工具，但更重要的是我们在做好事，成就事。股权分配时，我们遇到了合伙人，会经历合伙人的分分合合，这是在考验我们的识人、用人；实施股权激励向员工分股权时，让我们知道股权激励是分未来的钱，分市场上的钱，员工用业绩换股权，建立完善的股权激励方案和制度，打造员工都为自己干，员工都是合伙人的内部激励机制。利益的分配机制是推动公司不断前进的动力，这教会我们懂人性、顺人性；进行股权融资时，让我们知道如何引进资金，如何用好背后的资源，实现公司的快速发展，如何把公司做规范，如何建立公司的治理结构，这是在完善自己的公司；进行股权内部创业时，让我们明白，如何培育种子业务，如何建立内部裂变式的创业模式，让创始人变成投资人，站在投资人的角度，思考公司的发展和内部业务的培育。用股权是"假"，在过程中磨炼自己，完善公司，善行利他是"真"，这是用好股权的最高境界。

2.1.2 股权运营的三大原则

了解了股权的相关概念后，再来看看股权运营的三大核心原则。

1. 控制原则

家有千口，主事一人，不是一股独大，更不是均分股权，也不是博弈型结构，而是大而不独。竞争非常激烈，每天面临不确定性，创始人责任重大，公司必须确保一个核心大股东，带领大家往前走，承担更大的创业责任，享有对应的权利，匹配合适的利益，这就是责权利对等的原则。创始人保证拥有 50% 以上的股权，二股东给的股权比例要合理，不少于 10%，但尽量不高于 34%，这样才有合伙人的感觉，如果联合创始人只占 1% 或 2% 的股权，是无法发挥激励作用。创始人保证控制权，向更多人开放股权、分享股权、释放股权核能，聚集更多的人，让更多的人为公司操心，共同推动公司的发展。

2. 分享原则

公司发展需要融资，创始人可以把股权分享给投资人获得资金。针对投资人可以设计天使轮、A 轮、B 轮、C 轮、D 轮等融资计划，股权融资可以保全资产，降低风险。投资人要的是收益，要设计好投资合伙人机制，设定好公司的股权估值或收益权估值，明确投资人如何退出，利润如何分配，享有哪些权利等内容。把股权分享给员工以获得业绩增长，建立内部的合伙人机制，员工要的是分红权和增值权，要设定好公司估值，员工出资，公司考核和员工个人业绩考核，利润分配方案，公司红线制度，退出条款等内容。把股权分享给外部的资源、渠道、专家、技术、加盟商、代理商、上下游等利益相关者，以进行利益捆绑，获得市场份额，扩大市场规模和业务板块，他们要的是公司的未来、股权的增值，要设计好外部合伙人机制，约定股权的成熟机制，股权的退出机制，股权的动态调整机制，股权的置换机制等内容。每一类人关注的重点不同，应该匹配合适的合伙人机制，通过释放股权，分享股权对公司进行更大的布局，使其获得更快的发展，更多的资源。有的人要牛奶，有的人要面包，公平合理设计合伙人机制，能够实现各自的目标，达到利益各方的平衡。合伙人机制是公司发展的必经之路，借助股权的力量，将公司优秀的核心人才、利益相关者变成公司的合伙人，建立利益、事业、命运的共同体。

3. 价值原则

股权的核心是要塑造股权价值，做大盘子以实现股权增值。合伙人机制的设计也是一样，要让股权增值，在未来能溢价。对外可以用股权来融资、并购、整合上下游，实现上市，目的是支持公司的发展。所以，整合是手段，股权增值才是目的，对外的股权增值服务于公司的发展规划和整体战略。从发展的角度看，无论是给外部合伙人股权，还是给员工的内部股权，都是为了促进公司的发展，实现股权的增值，筑巢引凤，吸引优秀的人才加入公司、留在公司，员工给自己干，也为公司干，成就共同的事业。一个人的想法只是梦想，只是一个人的愿望，一群人的想法才是理想，每人的愿望都能最终实现，这才是众望所归。因此，机制是手段，股权价值是目的，对内对外的合伙人机制都要服务于股权价值，服务于公司的整体战略布局。

合伙人机制对应的合伙人所创造的一切财富和价值，都是基于股权生发的，因此，需要建立一套合伙人机制设计系统去激活股权，用股权去驱动公司持续成长，持续发展。

2.2　选择合伙人的标准和方法

选择合伙人，有没有标准呢？有没有可靠的方法呢？标准和方法都是有的，但是针对具体问题还需要具体分析。整体的建议就是，选择合伙人时要成本前移，选择价值观一致，性格互补，讲规则，能独当一面的合伙人。但在每个阶段选择合伙人的标准也不一样，有的阶段应选择共担共创的合伙人，突出创业心态，风险共担；有的阶段应选择共创共享的合伙人，突出利益分享，事业捆绑；有的阶段还需要共担共创共治的合伙人，突出共同治理和集体决策。

2.2.1　选择合伙人的两个忠告

在选择合伙人过程中，要牢记两个忠告：第一，与谁合伙，比怎么合伙更重要；第二，彼此互补，比与谁合伙更重要。

1. 与谁合伙，比怎么合伙更重要

要成事，选人最重要；要成大事，必须选对合伙人。找合伙人就像找对象一样，与谁结婚，比怎么结婚更重要。找到对的人，就成功了一半。要了解创始人及合伙人的特质，是属于领导型的特质，还是追随型的特质。合伙人之间要相互信任，相互欣赏，目标一致，价值观一致，才能共同推动公司的发展。

好的合伙人，会相互加持，相互补台，相互赋能，相互成就，拉高彼此的上限；心怀叵意的合伙人，相互内讧，相互拆台，相互对抗，相互消耗，拉低彼此的下限。因此，与谁合伙，比怎么合伙更重要。

2. 彼此互补，比与谁合伙更重要

合伙人需要独当一面，拥有不同的能力、不同的特质、不同的资源。合伙人之间最重要的就是互补，一定要形成能力上、特质上和资源上的互补，合伙人不能形成互补，就会面临散伙的风险。

比如，有的创始人是偏业务型的，喜欢做业务，喜欢对外拓展资源和关系，但是不擅长运营管理和内部管控，特别是对人员管理、制度建设、财务管控等方面，太人情化，不按照制度和规矩来办事，缺乏职业规范和管理经验。此时，创始人就要重点找一位擅长内部管理的合伙人，与他在性格上、管理上起到补充的作用，帮助创始人把公司内部的人员管理、制度建设、财务管控等方面梳理清楚。之前有个客户是做建材行业的，老板喜欢对外做业务，联系大客户，对接资源，特别是一些房地产公司，疏于公司的内部管理和产品研发。因此，我就建议他在内部或者外部聘请一个懂管理和运营的总经理作为合伙人，来弥补他的短板，实现对外和对内的良性发展，对于合伙人要给位子、给奖金、给股权，这样创始人也轻松，合伙人也划算，公司经营也能步入正轨，实现彼此的共赢。

有些创始人是技术型的人才，产品或技术是他最心爱的宝贝，公司起家也是通过创始人的技术建立的。创始人热衷于技术，热衷于产品，但对于市场和管理并不精通。针对这种类型的创始人，需要一个在市场销售方面或者管理运营方面具有拓展能力和管理能力的合伙人。一家中医连锁诊所，创始人拥有祖传技术，非常热衷于医术的研究和看病，对自己的技术充满信心，但在医院的连锁发展和内部管理上很吃力。所以，在开设新诊所的时候，就应该走出自己的技术思维，找到一个做市场拓展和营销的合伙人，找一个有医院行业管理经验的合伙人，组建自己的班底，这样团队就稳定了，有技术、有市场、有管理，就是很好的团队。

当一个创始人没有看到，或者没有发现自身存在的不足时，是很难找到合伙人的。不了解自己的不足，就谈不上互补，又怎能去发现和欣赏合伙人的能力和长处呢？

因此，创始人要善于发现自己的不足，勇于找到自己的短板，欣赏合伙人的长处和优势，才能对合伙人有充分的尊重、充分的了解，合伙人也觉得创始人能和他发挥一加一大于二的作用。

2.2.2　如何找到合伙人

想得到一样东西，最好的方式就是配得上它。找合伙人也是一样，创始人要思考，你的资源配得上他吗？你的能力配得上他吗？你的格局配得上他吗？你的事业配得上他吗？如果感觉能配得上，就可以开始寻找合伙人了，敞开胸怀，周公吐哺，引进合伙人，搞定合伙人，公司才能做大。小米创始人雷军说过："很多人都说，找合伙人太难了，但我觉得很简单，你找不到人，是因为你花的时间不够多。"寻找合伙人，组建合伙人团队是公司创始人最关键、最重要的事情。面对茫茫人海，去哪里找合适的合伙人呢？其他优秀公司的做法，可能会给我们一些启发。

合伙创业不先找自己身边的人，自己熟悉的人，难道我们要去找互不认识、互不了解的陌生人吗？当然不是，我们要先从"四同"开始找合伙人，即找同学、找同乡、找同事、找同行。

腾讯合伙人是马化腾的"五虎将"，五个创始人主要是同学和同事。

新东方的"三驾马车",俞敏洪、王强、徐小平之前是同学和师生关系。

如何吸引合伙人,创业阶段吸引合伙人的关键是要在公司内部搭建起合伙人机制。公司刚创办,由于现金压力、盈利能力不佳等因素,不太能提供超过同行业的薪资待遇水平。不能给予合伙人现在,就要给予合伙人未来。此时,以合伙人模式为基础,以股权标的为代表的股权未来收益和价值就成为吸引合伙人的重要方法和策略。

周鸿祎说过,找合伙人比找老婆还难,与合伙人在一起的时间都超过和配偶在一起的时间。创业期创始人要花更多的时间,更多的精力,更多的方法,去找合伙人,找到适合公司的合伙人。一旦找到优秀和合适的合伙人,事业就成功了一半。

在发展和扩张期,需要引进更多的外部合伙人来支持公司的业务发展,先把公司规模做起来,可以筑巢引凤,吸引合伙人带"优势"投靠,比如,带业务、带资源、带渠道、带资金等,同时还要自己培养好内部合伙人。宰相必起于州郡,猛将必发于卒伍,从员工层面提拔为合伙人,从经理人层面发展为合伙人。比如,万科的事业合伙人实现了职业经理人的升级,不仅让经理人共创共享,还要共担,实现了利益趋同,风险的统一。

在公司适当的发展阶段,找到对的合伙人,匹配合适的合伙人,将各方利益捆绑在一起,风险统一在一起,就形成了肝胆相照、生死与共的事业共同体。

案例:引进总经理作为合伙人,如何进行持股模式的设计

一家生产型的公司,2020年销售额在3 000万元左右,现在公司准备引进一位总经理作为合伙人,加强公司的管理。现在的问题是,如何给总经理做股权激励,分配股权。

雷军在招募合伙人的时候,有个观点,很值得我们参考,他会问高管,你是想要高工资、低股权,还是中工资、中股权,还是低工资、

高股权。要股权的，说明看中公司的未来发展，更具有创业精神。在能力都到位的情况下，要重点培养要低工资、高股权的高管。

回到上面的这个案例中，我们要重点考虑的是，与高管的磨合成本，看能力是否匹配、价值观是否匹配需要一定的时间，所以不能一上来就给他实股。当然，如果不给股权，很容易造成人才流失，因为只有给自己干，才能激发他更大的工作动力。据此，我们可以对高管的收入进行设计，采用工资加奖金加股权模式，按照 1 : 1 : 1 的比例设计。

在股权方面，梳理了几种股权方案，以供参考：干股激励，期权激励，限制性股权激励，期股激励。

1. 干股激励

企业 2020 年销售额 3 000 万元，利润在 300 万元左右，可以给总经理 10% 的干股分红权，同时约定业绩考核，不能低于 2020 年的销售额和净利润，否则，不进行分红，分红与考核系数进行挂钩。同时总经理缴纳 10 万元的合伙保证金。为防止总经理的短期行为可以加上延期支付，约定当年支付分配分红金额的 60%，剩余的 40% 可在第二年支付，如果公司出现亏损，首先要用于弥补亏损。若出现提前离职，违规被辞退，剩余分红不再发放。分红周期在 3 年左右，如果做得好，可以再转为期股或限制性股权或实股。

2. 期权激励

可以约定公司按照净资产估值 600 万元，按照 1 元 / 股，如果 2021 年公司业绩考核合格，个人业绩考核合格，2021 年年底就可以按照 1 元 / 股的价格授予总经理 60 万股。即使股价上升为 2 元 / 股，还是按照事项约定的价格行权。如果低于 1 元 / 股，总经理可以选择不行权。期权本身就是一种看涨权，选择权在合伙人手中。

3. 限制性股权激励

如果总经理看好公司，一上来就要投资入股，此时，可以给予限制性股权，通过股权转让协议约定限制性的条款，不可转让股权和处置股权，但享有部分股东权利，并约定考核条件和工作年限3年，达标后可以进行工商变更。否则，由公司或大股东按照原始出资额回购总经理的限制性股权。

4. 期股激励

可以给予总经理10%的期股，按照60万元的出资，首期出资24万元，剩余36万元分3年出资完成，以分红回偿方式出资，减轻出资压力，享有分红权和增值权，分红与考核挂钩，激励总经理干出业绩，设置3年锁定期和2年解锁期，锁定期后可进行工商变更。

总结：引进高管，要满足其收入需求，合理搭配收入结构，在给股权的时候，要考虑磨合成本，约定考核条件和退出条件，给予高管股权方案的选择权，实现各方的共赢。

2.2.3 谁是你真正的合伙人

1. 合伙人的选择标准

选择合伙人主要参考的因素是出资和出力，只出资的，称之为投资人；只出力的，一般是员工或资源方；不出资也不出力的，就是路人甲；真正的合伙人既要出资，又要出力，还要出心。力在哪儿，结果就在哪儿；钱在哪儿，心就在哪儿；心在哪儿，成就就在哪儿。

2. 和谁不能合伙

只有关系的人，不一定有用，只会画大饼，很难有实质性的推动；只有资源的人，资源不一定能实际到位。可以先合作，后续再合伙。兼职人员可以考虑给顾问费、居间费或者是分红股；一般员工可后期作为股权激励的对象，那些不靠谱、不遵守规则、不讲信用、没有合伙意识、不担当、不解决问题、无法创造价值的人是不能作为合伙人对象的。因此，真

第2章　重构新合伙人机制

正的合伙人既要出资，又要出力，还要出心，只有这样才能达成背靠背的信任，利益共享，风险共担，以真心换真心，实现事业的成功。

案例：技术型合伙人的股权设计

因为公司发展，需要引入一个技术型合伙人，这个技术型合伙人在行业内知名公司干过，有行业经验，是公司所需的人才。该技术型合伙人提出的条件是必须要占公司15%的股权，又不想出资，此时，老板犯难了，不知道如何与技术合伙人谈股权了，如何设计股权方案？

我帮他分析，技术型合伙人想要股权也是好事，说明想与公司一起发展，不利的方面是技术型合伙人不想出资，所以在设计股权方案时，如何给技术型合伙人股权，既能让公司引进技术型合伙人，也能实现对该合伙人长期的吸引。我建议，先给技术里合伙人代持的股权，不进行工商注册，等条件成熟后再注册。

首先，可以给该技术型合伙人15%的股权，但是三年成熟，每年成熟5%，也就是公司会设定要求。如果直接给15%的股权，而这个技术型合伙人没有实现承诺，没有给公司创造价值，那么，对公司来说，是一种伤害。

1. 约定

实现第一年目标，兑现5%，考核要求是，技术型合伙人完成产品研发和产品改进，并且在公司组建完整的技术团队。

实现第二年目标，兑现5%，考核要求是，产品打磨完成进入全年的产品销售阶段。

实现第三年目标，兑现5%，考核要求是，相关产品的销售额达到1 000万元。

若任意一年未完成目标，则技术型合伙人当年的股权由公司全部无偿收回。

实现三年目标后，可以按照公司净资产的价格出资入股，成为注

049

册股，没有进行溢价，考虑了权威大拿的历史贡献。

2.退出条款约定

若技术型合伙人三年内退出，公司有权以每股1元的价格回购技术型合伙人所有股权。

三年后，若技术型合伙人退出，回购价格由双方协商，协商不一致的，公司以提出回购时技术型合伙人成熟股权对应公司最近一期净资产价格回购，承认技术型合伙人作出的贡献。

3.知识产权约定

技术型合伙人和技术团队成员独立研发公司项目所涉及的全部技术，不侵犯任何第三方知识产权或其他权利，因侵犯他人权利导致的全部法律责任由技术型合伙人本人承担。在合伙经营期间公司相关技术以及相关的知识产权等均属于公司职务成果或商业秘密，知识产权均属于公司。

4.其他条款约定

约定保密条款，竞业禁止，违约条款等，既有激励又有约束。

总结： 技术型合伙人的股权设计要设置成熟期，根据公司技术要求兑现股权，同时还要有退出机制、知识产权保护、保密条款、竞业禁止、违约条款的约定，这样才能合好、合久，从而有利于公司持续发展。

2.2.4 你真的把合伙人当作合伙人吗

你如何对待这个世界，这个世界也就如何对待你；你如何对待别人，别人也就如何对待你。很多公司导入了合伙人机制，把方案和协议都签署了，但是我们的老板，我们的创始人，真的把合伙人当成合伙人了吗？真的把管理权下放了吗？把财务的知情权开放给合伙人了吗？公司重大事项的决策让合伙人参与了吗？合伙人提出反对意见时，反思过吗？请记住，附和、掌声，未必是真认同；批评、反对，不一定是真添乱。

　　还有一个很重要的问题：你到底是把合伙人当成公司的保姆，还是当成公司的联合创始人？

　　如果是把合伙人当成保姆，在公司这个"孩子"摔倒时，你想的是这个保姆肯定是有意的，不是真心带孩子。这本质是不放心，没有背靠背的信任，没有真心的支持。

　　保姆对应的就是员工的角色，打工人的身份，你给我多少利益，我帮你干多少活。一般来说，打工人更关注待遇、岗位职责等，不承担公司的风险，可同富贵，不可同患难，优先享有收益。

　　如果你把合伙人当成是公司的联合创始人，当成自己人，在公司这个"孩子"摔倒时，你会认为这个合伙人肯定不是有意的。这本质是相互之间有真心、有信任。如果你相信一个人，你会找出一百个理由来说服自己。

　　联合创始人就是公司的"爸妈"，更具有共创共担的精神，合伙人看重的是共同事业、看重的是长期价值、看重的是共同成长，愿意承受风险，愿意共渡难关，具有更强的风险承担意识，因此，会风雨同舟，砥砺前行。

　　很多老板在实行合伙人机制时，其实只是把员工当成了保姆，此时员工自认为，我就是一个保姆。彼此在考验对方，彼此在博弈。

　　因此，要深入了解合伙人机制的本质，直达公司的初心和原点，把利益相关者发展成真正的合伙人，建立起公司合伙人机制和合伙文化，打造背靠背的信任和支持，共同努力，把公司做大做强。

2.2.5　选择合伙人的标准法则

　　选择合伙人标准法则分别是：一是愿，即要有共同的事业愿景，为了共同的事业不断奋斗进取；二是分，即要有分担风险，分配权利的合伙意识；

三是出，即合伙人要出资、出人、出心，更重要的是，只有心在一起，才是真正的合伙人团队；四是基，即合伙人之间要有创业能力，性格特质互补，彼此之间相互信任。

一愿：共同做好事业的愿景

克劳塞维茨在《战争论》中说过："伟大的将军们，是在茫茫黑暗中，把自己的心拿出来点燃，用微光照亮队伍前行。"各合伙人就是公司里的将军，要点燃真心，照亮公司的发展之路。合伙人要基于未来的事业梦想和愿景，达成共识，做好战略规划，实现价值观一致。只有未来事业一致、路径一致、行为一致，创造增量，才有利于推进公司发展。

二分：分担风险，分配权利

合伙人要有创业心态，把每一天当成创业的第一天，坚持"吃苦在前，享乐在后"的创业理念。创业就是风险和责任承担的过程，共担是前提，共创是过程，共享是结果，共生是目的。只有统一了风险，承担了责任，大家的立场才能统一，大家的目标才能统一，这样的团队才是同舟共济、勇往直前的团队。同时还要分配好权利，给予财务的知情权，公司的经营权，参与公司治理的决策权，合伙人才有身份感、参与感和成就感。当然，团队有了成果，也应向合伙人分配利益，只有这样，才能实现财散人聚的目的。

三出：出资、出人、出心

只出资的，是投资人，只出力的是员工或者资源方，只出人的只能给干股，这些并不是真正的合伙人，真正的合伙人不仅要出资，更要出人、出心。只有全职参与，全心投入，才能实现创业的成功。常言道："以利相交，利尽则散；以势相交，势去则倾；惟以心相交，方成其久远。"就是这个道理。

四基：能力、特质、信任、态度

合伙人要能力优势互补、资源互补，相互尊重、相互信任，价值观一致，人品过关，态度端正，具有创业心态，而且要有具体的分工和职责，降低沟通成本，提高决策效率，有利于创业的成功。

2.3　三级合伙人体系搭建——分层分级

未来公司的发展方向是公司平台化、产业整合化、人才合伙化、资本运作化。因此，在设置合伙人体系时，要搭建起治理合伙人、事业合伙人和项目合伙人的三级合伙人体系。

1. 治理合伙人——分股又分权

第一层级的合伙人，一般称为治理合伙人（命运共同体）。这是在集团公司层面的合伙人，其主要考虑的是参与公司重大决策，承担集团层面的管理职责，引领集团公司的发展方向，进行战略规划，所以，治理合伙人持有集团公司的股权，享有参与公司重大治理决策的权利。

主要操作要点：最初的创始股东或者引入的核心高管成为核心决策治理层面的合伙人，匹配使命驱动，引领、推动和传承公司的愿景和价值观，不仅是事业的合伙人，更是使命和责任的合伙人，形成背靠背的信任，打造命运合伙人体系。治理合伙人的特点是共识、共创、共享、共担、共治。

方案设计的重点包括：对事业梦想的梳理，对未来发展规划，设计未来重大事项的决策机制，设立合伙人委员会的议事规则，缴纳50%~100%的合伙金等。

重点考核的是价值观层面。

比如，阿里巴巴集团湖畔合伙人制度要求：

（1）在阿里巴巴工作或关联公司工作5年以上，对公司发展有积极的贡献；

（2）高度认同公司文化，愿意为公司使命、愿景和价值观竭尽全力；

（3）担任合伙人期间，每个合伙人都必须持有一定比例的公司股份；

（4）合伙人权利：拥有董事会一半以上席位的提名权。同时约定，如果一旦提名的董事人选没有通过，合伙人有权任命其他人选担任董事，以此来确保合伙人在董事会拥有一半以上的控制权，进而控制公司。想成为合伙人，需要由已担任的合伙人以一人一票的方式投票，获得 75% 以上的赞成票，才能成为新的合伙人。而成为合伙人后，需要有 50% 以上的得票，才会被取消合伙人资格。

2. 事业合伙人——分股不分权

第二层级的合伙人，一般称为事业合伙人（事业共同体），一般是在项目公司或主体公司层面的合伙人，把新项目初创人或者把关键高层发展成股东。或者我们对外开拓城市合伙人，整合上下游的供应链，匹配股权顶层设计，完善中长期激励，通过持有所在主体公司的股份，与主体公司的未来绑定。未来事业合伙人可通过自身奋斗，发展成为治理合伙人，搭建持股平台，为未来的上市、资本运作做准备。特点是共识、共创、共享、共担。

方案设计的重点包括：对股权分配数量的配比，收益的测算，未来战略目标的达成，股权置换的设计，缴纳 30%~50% 的入股金。

考核的重点是公司及个人层面。

3. 项目合伙人——分钱不分股

第三层级的合伙人，一般称为项目合伙人（利益共同体），一般在利润单元或项目公司层面，要把关键员工发展成小老板。

各业务模块、部门、事业部，进行项目跟投、门店股权合营，匹配利益分享，组织创新，独立核算，自主经营，让员工有当小老板的感觉，实现自运行。通过机制的设置与公司形成利益共同体。特点是共创、共享、共担。

方案的重点包括：找到利润单元，整个收入的划拨，财务的核算，利润的分配，合伙人的升级，缴纳 10%~30% 的保证金。

考核的重点是项目单元和个人层面。

3

合伙人股权分配设计

　　合伙人股权分配设计中，要重点设计资金股、人力股、资源股，不能按照出资比例分配股权，要实现人力雇佣资本和资源同时在股权分配设计中，要保证创始人的控制权，通过股权比例、股东议事规则、董事会议事规则、一致行动人协议、表决权委托协议和双层公司架构等治理手段实现对公司的掌控。在利润分配中，约定好动态的利润分配方案，以业绩贡献和多劳多得为导向；同时，约定好退出机制，确定好退出时间、退出情形、退出价格，未雨绸缪，减少纠纷。

3.1 如何进行合伙人的股权设计

在召集完合伙人和股东之后，要考虑如何设计股权了，在初创期可以按照出资加人力加资源进行股权设计。按照资金股、人力股和资源股的比例来分配股权，有形的资产包括资金、厂房、生产设备等，无形资产包括人力贡献，业绩贡献等。针对有行业资源，有客户资源，有供应链资源的，我们可以设置资源股，放大资源的配置。既要对钱定价，也要对资源定价，更要对人进行定价，这样才是一个比较好的股权分配方案。一般资金占股比例在 20%~50%，人力占股在 30%～60%，资源占股在 10%~20%，具体可以根据项目的不同类型进行设计和配比。

公司进入发展期，要考虑投入和历史贡献，设计一个股权动态的调整机制，提前预留 10%~20% 的期权池，对合伙人和员工来说，谁做出贡献，谁就可以拿到期权池里的股权，股权的获得等于价值贡献，只要你对公司有业绩，那就可以享有分配到股权的权利。这样才能激励员工，激励合伙人创造更大的增量。股权分配的原则：谁创造价值，谁分配价值，股权向奋斗者倾斜。

要把股权方案设计好，创始人要保证对公司的控制权。只有掌握了控制权，创始人才能掌握公司的命运，决定公司未来的发展方向。如果被投资人或者其他合伙人占大股，他们有控制权的话，对公司未来的发展是不利的，这样就没有了创业动力和方向，在公司发展前期，尽可能集中权利。因此，创始人要保证对公司的控制权是一个很重要的前提，整个过程要实现通过股权找人、找资金、找资源，把公司做大做强。

案例：做新项目时，如何招募合伙人团队，引进资源方和资金方

一家公司在当地做媒体行业，是当地的龙头企业。现在，要去上海拓展新市场，打算成立项目子公司，前期的启动资金需要2 000万元，公司资金压力比较大。现在问题来了，该如何操作这个项目？如何组建操盘手团队？如何招募资金方，如何进行融资？

我梳理发现，这个项目的关键是当地的媒体资源，组建核心团队和解决资金问题。

第一步：明确关键要素

媒体行业资源是关键，谁整合资源，谁就有话语权。凭借多年的经验，这位老板已经把资源整合好了，对方提供户外传媒资源，高铁广告资源等，但需要给予对方一定比例的股权。

核心团队是根本，项目的操盘手是核心，合伙人的重要性超过商业模式，超过资金。如何解决操盘手问题呢？建议这位老板在公司内部开展项目合伙人招募，看看谁有创业心态，谁能担当重任。

组建起项目核心团队，如何解决项目团队的收入，让其没有后顾之忧呢？公司可以给予团队收入保障，外派到上海的团队，年收入不低于去年，并且给予核心团队股权，至此，核心团队组建完成了。

至于资金的问题，总部领投出资1 000万元，找当地投资人出资600万元，项目操盘手出资100万元，内部员工高管跟投300万元，资金问题也解决了。

第二步：股权方案设计

1. 股权比例分配

以这样设计股权比例，总部占股50%，投资方占股15%，操盘手团队占股20%，内部跟投员工占股7.5%，资源方占股7.5%，相当于估值是4 000万元，按照初始投入的2倍进行估值。

2. 利润分配

让干活的人拿主要利润，可以设置一个目标值，比如，业绩完成

1 000万元，让项目操盘手团队优先分红10%；业绩完成2 000万元，让项目团队优先分红20%，剩余利润的30%作为项目公司的发展基金，剩余利润的70%按照各自的股权比例进行分配。这就解决了人才与资本的合作与分配问题，多劳多得，快速回本。

3. 股权动态调整

如果项目团队连续两年业绩和利润完成率超过90%，其余股东按照起初估值同比例转让10%的股权给项目团队，动态调整周期为6年，6年之后不再动态调整。这是为了尽最大可能激发项目团队的积极性和创业心态。股权等于价值创造，让做出贡献的项目团队，逐渐获得股权，甚至成为大股东。

4. 控制权和退出机制

控制权，总部、项目团队、内部跟投员工为一致行动人，与总部做出相同的表决决定，放大总部的控制权。

退出机制，按照各方的股权比例承担亏损。如果项目团队业绩达不到要求或能力不合格，由总部接管或另行委派团队。

总结： 新项目成功的关键是找对人，做对事，分好股，定好分钱机制，定好议事规则，定好退出机制，实现内部和外部的激励、融资，这样才能保证新项目的成功。

案例：10名股东合伙成立公司，如何设计股权

该公司是一家教育行业的连锁企业，现在创始人打算整合股东，成立一家新公司，进行全国的布局。现在的问题是，公司现有10名股东，有的出资、出人，有的只出资，对此，该如何设计股权结构呢？

先分析股东的组成结构，这10名股东，有5名是出资的全职工作的合伙人，包括创始人，创始人出资100万元。全职合伙人每人出

资25万元，共计100万元。外部资金型股东只出资，每人20万元，共计100万元。

对于初创公司，建议股东不要太多，如果股东太多，一方面对公司股东管理和治理的难度会加大；另一方面股东的稳定性差，股东一旦退出，会比较麻烦，同时还会影响创始人的控制权。我给的建议是，出资、出人的管理型股东通过股东协议约定为实股，3年锁定期过后，可以进行工商变更。资金型股东给实股，但只享有收益权，无其他权利，把相应的表决权委托给大股东行使。3年过后，可选择继续持有或者由公司或指定股东进行回购，这样可以保证公司股权结构的稳定性。

具体来看股权设计的方案。

1. 股权比例设计

因为这个项目是人力驱动型的项目，可以设定资金股占比30%，人力股占比70%，其中人力股中直接分配60%，预留10%。

创始人的股权比例，出资100万元，资金股占比10%，人力股占比28%，代持预留10%的股权，总计持有48%的股权。联合创始人各出资25万元，占有资金股每人2.5%，每个人能力和经验差不多，各分配8%的人力股，这样4名联合创始人每人分配10.5%的股权。5名投资人各出资20万元，只享有分红收益权，各占2%的股权。

2. 利润分配

公司现在处在发展期，后期资金压力比较大，净利润分配方案为：预留利润的40%作为公司发展基金，为激励股东多创造业绩，多劳多得，可以设定股东的业绩分红池为净利润的30%，按照各股东的业绩贡献占比进行分配，剩余30%的净利润，按照各自的股权比例或收益权比例进行分配。

3. 控制权设计方案

考虑到创始人的股权比例是48%，其余4名联合创始人的股权比例是42%，外部投资人是10%，这样创始人就没有相对的控制权，所以在表决权的约定上，按照同股不同权进行约定，投资人的表决权由创始人行使，这样创始人的表决权达到了 58%，只要再联合其中任何一位联合创始人就可以达到绝对的控制权，决定公司的所有重大事项。

同时由于股东人数比较多，必须签署一致行动条款，未来投资人进入公司后，当股东意见不一致时以创始人的意见为最终表决意见。

4.股东退出机制

联合创始人 3 年内不允许退出，否则，由指定股东以 1 元价格回购。3 年之后可以退出，股东之间先协商回购价格，协商不一致，以原始出资和股权比例对应净资产高者为回购价格退出，承认股东的历史贡献。资金型股东 3 年内不允许退出，3 年后可以选择由公司或指定股东回购，或者经过公司股东会同意后，可以转让给其他人，回购价格为资金型股东的原始出资额。

总结：多股东合伙一定要注意对股东的管理和治理，尽可能通过协议持股或持股平台持股以规避股东人数太多的问题，同时要保证创始人对公司的控制权，要有动态利润分配和退出机制等，这样才能长治久安，实现公司的基业长青。

3.2 股权分配的原则

股权既要舍得分，又要收得回。舍得分，按照出资、人力和资源贡献来分配股权；收得回，要约定股权的成熟机制。如果合伙人不干了，要退出，必须由公司或者创始人来回购他的股权，留给接下来继续奋斗的合伙人。控制权的原则就是要求创始人自始至终要保证对公司的控制权，包括刘强东、雷军、马化腾等都一直在强调对公司的控制权。比如，万科的王石，他从一开始就没有掌握公司的控制权，是一个小股东，公司上市后同股同权。他在宝万之争中最终退出万科，也是没有办法结果，这是一个战略性的失误。

合伙股权分配设计问题是公司的重大问题，要引起创始人的高度重视。合伙人找到了，如何来进行股权比例的划分？持股比例约定多少合适？都需要好好来设计，因为股权设计背后对应的是责任、权力和利益的分配，关系着公司的生死存亡。

因此，创始人需要提前学习，提前设计，否则，等出现问题，再调整，代价会很大，公司容易崩盘，希望大家能够提前规避。

股权分配的前提是创始人要掌握控制权，释放分红权。特别是中小公司前期需要集权式的决策，方便快速推进工作，提高工作效率。

在股权分配之前，要明白股权比例的九条线。

第一条线是 100%。

自己或者和爱人组建公司，自己拥有 100% 股权，一个人说了算，所有的权利和风险都在你一个人身上，掌握了对公司的绝对控制权，100% 的股权不利于引进合伙人，你就是一个"个体户"，没有合伙人。

当然，对 100% 还有另外一种解释，即所有股东 100% 的同意，达成共识，直接做决定，只有股东全部认同签署公司章程和股东协议，才能生效。

第二条线是 67%。

当股权比例从 100% 降到 67% 的时候，需要认真思考股权比例低于 67% 会产生微妙的结果——在很多重大特殊事项表决中丢掉话语权。股东会的议事规则很有意思，根据公司法规定，需要表决的普通事项，只需要简单多数通过就可以；重大特殊事项，需要 2/3 以上有表决权的股东通过。

哪些是重大特殊事项？比如，修改公司章程、增加或者减少注册资本，以及公司合并、分立、解散或者变更公司形式的决议。

第三条线是 50%。

哪些事项是普通事项，需要 1/2 以上表决权通过呢？比如，公司的利润分配方案、对外担保、对外投资、股权转让、股份有限公司的创立大会、控股股东的认定等。需要注意的是，有限责任公司股东向股东以外的人转让股权，应当经其他股东过半数同意。

第四条线是 34%。

67% 代表完全控制权，51% 代表相对控制权，34% 是防御性权限，对重大事项有一票否决权，比如，在有限责任公司或股份有限公司中修改公司章程、增加或者减少注册资本的决议，以及公司的合并、分立、解散或者变更公司形式都需要 2/3 以上的表决权通过。换言之，若单独持有或者合计持有公司 1/3 以上表决权的股东，就可以对上述事项进行否决。

第五条线是 30%。

30% 的股权对应收购权，是上市公司的要约收购线，在上市公司常用。

投资者持有或者通过协议、其他安排与他人共同持有一个上市公司已发行的股份达到 30% 时，继续进行收购的，应当依法向该上市公司所有股东发出收购上市公司全部或者部分股份的要约。这是为了防止各种内幕交易，保障全体股东，尤其是中小股东的利益。

第六条线是 10%。

10% 的股权及以上，主要是临时会议权、解散公司利。

有限责任公司中定期会议应当依照公司章程的规定按时召开。1/10 以上有表决权的股东，1/3 以上的董事，监事会或者不设监事会的公司的监事提议召开临时会议的，应当召开临时会议。

有限责任公司董事会每年度至少召开 2 次会议，每次会议应当于会议召开 10 日前通知全体董事和监事。代表 1/10 以上表决权的股东、1/3 以上董事或者监事会，可以提议召开董事会临时会议。董事长应当自接到提议后 10 日内，召集和主持董事会会议。

股份有限公司股东大会应当每年召开 1 次年会，单独或者合计持有公司 10% 以上股份的股东请求时应当在 2 个月内召开临时股东大会。

股份有限公司董事会不能履行或者不履行召集股东大会会议职责的，监事会应当及时召集和主持；监事会不召集和主持的，连续 90 日以上单独或者合计持有公司 10% 以上股份的股东可以自行召集和主持。

有限责任公司经营管理发生严重困难，继续存续会使股东利益受到重大损失，通过其他途径不能解决的，持有公司全部股东表决权 10% 以上的股东，可以请求人民法院解散公司。

第七条线是 5%。

5% 是重大股权变动警示线。当持股 5% 以上的股东持有公司股份情况发生变化，属于上市公司应当披露的重大事件。

第八条线是 3%。

股份有限公司中 3% 以上为临时提案权，类似提前开小会。在股份有限公司中单独或者合计持有公司 3% 以上股份的股东，可以在股东大会召开 10 日前提出临时提案并书面提交董事会。

第九条线是 1%。

1% 以上为代位诉讼权，有限责任公司的股东、股份有限公司连续 180 日以上单独或者合计持有公司 1% 以上股份的股东，可以书面请求监事会或者不设监事会的有限责任公司的监事向人民法院提起诉讼。

通俗来讲，要么是董事、高管违法违章损害公司利益，要么是监事违法违章损害公司利益，如果都有问题，持股 1% 以上的股东可以直接以自己的名义"代公司的位"，直接向人民法院提起诉讼。

股权比例	权　力	议事规则	特　点
100%	一人说了算	直接决定所有事项	规则
67%	完全控制权	修改公司章程、增加或者减少注册资本的决议，以及公司合并、分立、解散或者变更公司形式的决议	重大事项表决权
51%	相对控制权	对外担保、对外投资、股权转让、创立大会、控股股东的认定	普通事项表决权
34%	防御性控制权	对应重大事项	重大事项一票否决权
30%	收购权	持有上市公司已发行的股份达到30%时，继续进行收购的，向所有股东发出要约	要约收购线（针对上市公司）

续表

股权比例	权　利	议事规则	特　点
10%	临时会议权	临时会议权、解散公司权	特殊情况下，股份有限公司解散
5%	警示线	重大股权变动警示线	上市公司
3%	临时提案权	临时提案	股份有限公司提前开小会
1%	代位诉讼权	可以间接地调查和起诉董事、监事和高级管理人员	代公司的位

3.3　常见的股权分配模式

两人合伙，分配模式最好是一大一小，一主一次，一强一弱。有一个核心的大股东，彼此的资源、特质都要互补，这样才有合伙的可能性。要提前把合伙规则约定清楚，合伙人要互补，要配合，要信任，这样才能很好地相处下去。

3个人合伙，大股东一般要大于二股东和三股东之和，要保证一定的控制权，在人数比较少的情况下，一定要确立核心大股东，而且二股东的股权比例应尽量小于34%，但尽可能不低于10%。核心的大股东对公司有绝对的控制权，二股东和三股东的股权比例也要拉开。这样在很多关键时候可以防止股东僵局，否则，其他股东一联合，会对大股东的控股地位造成威胁。

如果4个人或4个人以上合伙，一种思路是大股东的股权比例要高于其他股东之和，这样能保证决策的高效，有些公司类型决定了要先集权，再放权。

还有另外一种思路是大股东要小于另外几个股东股权比例之和，但要保留对重大事项的一票否决权。为什么其他股东股权比例之和要大于大股东的呢？如果大股东提的意见，其他股东都反对的话，那就得考虑这个事情要不要执行，这样也可以给大股东一种反馈，以免他一意孤行。另外，如果大股东联合不了其他任何一个股东的话，说明其他合伙人不信任他，他也就不是大股东了。

案例：5个老同学合伙开公司，所出资源差不多，如何分配股权

一位企业家做工程项目多年，现在有4个房地产行业相互熟悉的老同学想一起做点事，他们资源相当，不能全职，打算把一些工程项目外包给这位企业家，但又不想仅仅是单次合作的方式，想合伙成立公司来运营，这位企业家朋友有点犯难了，就咨询我，如何来设计股权以整合资源的方案？

他自己原先考虑的方式是：自己成立公司，分别与4位同学合作，成立4个独立核算的事业部，同学不出资只是拿利润的四成，自己公司拿利润的六成，这种合作方式，好处是自己可以搭建平台，资源往自己的公司聚拢，4位同学相当于是业务合伙人，弊端是这种方式很不稳定，很容易散伙。4位房地产的同学彼此之间都很熟悉，这是给这位老板机会。因此，要改变思路，把大家的资源和资金聚到一起，成立合伙公司，这样合作模式才会长久，各自的利益和整体利益才能实现最大化。

接下来就是这5个人如何设计股权结构了，该企业家说是不是可以平分股权，每人20%呢？不可以，尽可能要有个大股东。

我是这样帮这位企业家设计股权方案的。

1. 股权比例

他们的出资和资源都差不多，这个项目资源很重要，按照资金股占比40%，人力股占比20%，资源股占比40%进行分配。让这位企业家资金股占比16%，人力股只有他是全职，全部分配到他本人手里，其他4名合伙人，出少点资金，平均分配剩余的64%股权，也就是

每人占有16%的股权，企业家自己占有36%的股权。为什么要这样设计呢？因为这位老板是出资并全职工作，要占大股，但又不能占太多，否则4位同学会不乐意。与36%的股权，对重大事项具有否决权，即使四位同学联合，这位老板也能打防御战。自己是36%，只要再联合一位股东，就可以达到52%的表决权，一些普通重大事项都可以通过。如果联合两位股东，所有重大事项都是自己说了算。进可攻，退可守，也能更好平衡大家的权利和责任。

2. 议事规则

可以约定普通重大事项1/2以上表决权的股东通过，特殊重大事项需过2/3以上表决权的股东通过。该企业家先担任两年总经理，如果干得不好，可以实行轮值总经理制度，或者换掉总经理，这样也对项目负责。共同聘任财务负责人，定期发送财务报表，这样大家都有安全感。

3. 利润分配

为体现激励性，实行动态调整。净利润的30%作为公司发展基金留存，净利润的40%，按照股东业绩贡献的占比进行分配；剩余30%的净利润，按照股权比例进行分配。利润分配的关键是40%的利润，根据业绩贡献占比进行分配，项目的核心是资源和业务，没有业务就赚不到钱，这样动态调整，规避股东不干活的问题，真正做到多劳多得，少劳少得，不劳不得。

4. 退出机制

3年之内不允许退出，否则，只退还原始出资的20%；3到5年退出，按照股东出资与净资产价格，两者低者退出；5年以上退出，按照原始出资与净资产价格，两者高者退出，承认历史贡献。

总结：这个项目股权设计成功的关键在于要弄清楚该项目是资源驱动型的，所以，资源股要占大股。另外，为了让资源型股东兑现资源，全力支持项目,资源型股东也要出资,钱在哪,心在哪;心在哪,资源变现就在哪。这样公司才能持续盈利,实现各自的诉求。

3.4　错误的股权比例分配模式

第一种就是均分股权比例,比如,2个人合伙,各占50%;3人合伙,各占1/3;4个人合伙,各占25%。尽量不要平分股权,杜绝平分股权的情况,没有最好的股权结构,但最差的股权结构就是平分股权。很多知名公司也会因为均分股权而产生纠纷,比如,餐饮巨头真功夫、海底捞、西少爷等。均分股权,造成了没有核心大股东,股东之间贡献不平等,难以融资,相当于把公司的控制权让渡,命运交给了对方,结果车毁人亡。

案例:4个股东均分股权,2个全职股东贡献业绩占90%,如何进行股权的调整

作为一家贸易公司的总经理,由于成立当初不懂股权设计,按照每人出资50万元,均分了股权,每名股东各占25%的股权,现在自己和另外一名全职股东负责公司运营,贡献了业绩的90%,另外两名股东基本不参与公司管理,但是每年都分配25%的利润。2021年经营数据不太好,公司出现亏损,有个非全职股东就不乐意了,找两名全职股东理论,打算退股,之前接受了退股要求,现在反而只字不提了。这种情况到底应该怎么办?如何进行股权的调整?

我给这位企业家提供了两个思路。

第一个是散伙的思路,就是股东退出。散伙有两种,一种是非全职股东退出,因为非全职股东没有贡献,看到经营不好,公司有亏损,有了退股的理由，刚好顺水推舟，只要约定好回购的股权比例，回购股权的价格，就可以让他实现完全退出。回购价格可以参照股东的原始出资或者按照股权比例对应公司净资产的价格回购，但为了防止公司的现金流压力过大，可以分两年进行回购。另一种是这两个全职股东退出，就是股东散伙，公司面临解散了。为什么我建议这位企业家重点考虑自己退出呢？有时候，散伙也是一种不错的选择，因为这样对大家都好，像夫妻一样，过不下去了，就会离婚，也许在将来会找到更好的。全职股东退出之后，自己重新创业反而会迎来更大的发展机遇。如果继续留在公司，股权与贡献不对等，全职股东心里肯定不平衡，更关键的是自己还是小股东，没有控制权。因为两名全职股东贡献了90%的业绩，所以，核心资源、核心客户和核心渠道都在自己手里，应该很快就可以另起炉灶。全职股东退出也是一样，参照自己的原始出资和净资产的价格进行转让，同时还可以对外转让，只要有人愿意接收就可以了。当然，如果全职股东退出，公司基本也就解散了。

第二种思路是合伙的思路，大家继续往前走，彼此都能接受，但有两个前提条件，第一个前提条件是这个企业家作为全职股东要保证对公司的控制权，表决权比例必须要达到51%以上，这样可以决定公司的一般重大事项，其他三名股东，各占16.33%的表决权，这样这个全职股东只要再联合其中一个股东，就可以以超过67%的表决权，决定公司的重大事项，保住了控制权的底线。

在利润分红方面，如果公司的净利润超过500万元，全职股东优先分红40%，再按照各自的股权比例对剩余净利润进行分配。如果净利润在300万~500万元，全职股东优先分红20%，再按照各自的股权比例对剩余净利润进行分配。如果净利润在300万元以内，全职股东不进行优先分红，再按照各自的股权比例对净利润进行分配。

在股权动态调整方面，如果公司累计净利润在1 000万元以上，非全职股东要按照原始出资的价格,转让 10% 的股权给全职股东。如果公司累计净利润在 2 000 万元以上,非全职股东要按照原始出资的价格,再转让 10% 股权给全职股东。这样就达到了股权与贡献的匹配,也促使全职股东干出更好的业绩,其实对于非全职股东也是共赢的。

总结:股权设计是公司重大事项,一定要提前规划,合理设计,否则,遇到问题会很麻烦,调整成本会非常高,还有可能导致股东散伙,公司解散。一方面,如果散伙,也要好聚好散,大家和平分手;另一方面,如果想继续合作下去,要进行动态调整,使股权与贡献相匹配,这样才利于公司的长久稳定和持续发展。

案例:各占一半股权的股东出现矛盾,如何进行调整

一家生产机械设备的公司,股东有两个,各占一半的股权。A 股东负责全面运营管理,B 股东负责技术,双方还是姐夫和小舅子的关系。随着公司发展,B 股东逐渐丧失话语权,A 股东是实际的公司负责人。后来,随着公司的发展,B 股东想增加自己的话语权,而且与 A 股东常常意见不合。但两人拥有同样的股权,该如何处理呢?

现在,公司正处在一个上升阶段,因股东不合,已经限制了公司的发展。公司前期投资了厂房等固定资产。净资产也达到了 1 亿元,金额也比较大。现在,A 股东想卖掉股权,可不可以,还有没有其他办法?

对于这个问题,需要好好分析一下。首先,要明白,营收已经过亿的公司,还存在股权均分的问题,这是巨大的隐患。公司股权设计是重大决策,如果一开始就存在隐患,越往后,调整成本越高,现在公司是一个过亿的资产,1% 就代表 100 万元,所以,调整成本是非常大的。

因此，我们常说事前做的是股权设计，事后做的是股权算计。如果公司出现了股东不和，到了过不下去的时候，面临散伙。

这个矛盾还有个原因是，B股东是技术股东，想把自己的儿子招到公司做技术总监，A股东感觉不合适，导致B股东很不乐意。B股东仗着自己是占股50%的股东，处处和A股东作对，这也让A股东很累，没心思经营公司。我们常说，一旦股东出现不和，这就不是小事，轻则伤筋动骨，重则粉身碎骨。对此，我给出了两种方案。

第一种方案是合的方案，这是上策，进行股权调整和治理结构的优化。

中国人讲究以和为贵，各方尽可能还是一起往前走，共同把公司经营好，公司现在处在发展期，营收和利润都不错，如果卖掉公司或者一方出走，对公司影响很大。

如何调整呢？建议A股东同意B股东的孩子来公司任职，不要因为这种小事，影响股东和睦，影响公司大局。如果B股东的孩子实在不合适，可以调岗，毕竟都是亲戚，要给股东足够的尊重，既要保住公司，还要保住亲情。

进行股权回购，A股东以高价回购B股东最高18%的股权，让A股东成为实际控制人，掌握控制权，当然难度会比较大，要看A股东的出资和B股东是否同意？再退一步，A股东至少要回购1%的股权，达到51%的相对控制权，为此，利润上B股东多分一部分是可以的。这对公司来说是好的，如果B股东实在不同意回购，建议成立公司3人董事会，双方共同聘请一位行业或公司顾问专家作为公司的外部董事，参与公司的治理，防止股东僵局的产生，利于决策，利于公司健康发展。

同时约定股东的议事规则，哪些事情需要双方一致商议，哪些事情是A股东说了算，哪些事情是B股东说了算，这可以最大限度地防止股东产生矛盾。

第二种方案是分开，这是下策。

A股东或B股东完全退出公司，根据公司的资产或者估值来进行退股。如果退股，对公司来说，现金流压力巨大，即使分期付款，公司也会伤筋动骨。如果A股东退出公司，成本也很高，虽然A股东可以出去单干，但是从头开始，需要时间和成本，还容易错过很多时机。如果A股东退出，对公司和员工都是灾难。

那么，把股权卖给外人是否可行呢？大概率很难，外人看到这种股权结构，很难进入，即使进来了，在公司也没有办法施展才能。

在这个案例中，双方还没有走到散伙的一步，还有谈判的空间和余地，应优先考虑合的方案。

总结： 股权设计要避免均分股权，否则容易造成股权僵局，造成后期调整成本极高。如果已经均分了，调整的思路是股权回购，增加外部董事，增加议事规则或一方退出，这样才能规避股权僵局和股东纠纷，保住公司。

博弈性的股权比例是51%对49%、65%对35%等。特别是只有两个股东的时候，这里面有一个关键点，就是股权比例超过2/3，对公司有绝对的控股权。因此，应尽量避免51%对49%、65%对35%这种局面出现，否则容易造成股权治理的僵局。

还有一种就是创始人持有超过90%的股权，98%对2%，还有极端的是99%对1%。这对合伙人来说，他并不是一个合伙人，仍是打工者，因为它的股权太少了。创始人不能吃"独食"，我们强调的是大而不独，科学分配，重点设计，这样才能做大蛋糕。

另外，避免被小股东绑架，典型的就是40%:40%:20%持股比例，这样股东会做出需要超过半数表决权同意的决议，就必须得听小股东的意见。49%:49%:2%，也是这个道理，当决议要求超过1/2表决权时就必须听小股东的，很容易被小股东绑架，小股东成了公司的实际控制人。

案例："海贼王"路飞的股权设计

创业就是一次航海远行，一路上不断寻找志同道合的合伙人、投资人、员工、资源方和上下游各方，携手共进，目标当上"海盗王"，成就未来事业，实现创业梦想的过程。

创始人路飞，找到了合伙人索隆和娜美，又找到了投资人罗杰，一开始按照出资比例分配股权。我们可以看到，总投入200万元，创始人路飞出资50万元，占股25%；联合创始人索隆出资30万元，占股15%；娜美出资20万元，占股10%；投资人罗杰出资100万元，占股50%，这是完全按照出资比例分配的股权，而且是同股同权，股权比例与表决权、分红权比例一致。没有核心大股东，人资倒挂，投资人变成了大股东，人才给资本打工，货币代表的存量价值占大股了，未来人力贡献的增量价值没有体现出来，后期必然会产生股权纠纷，需要进行股权调整或面临散伙。

股权分配方案（原方案）

合伙人姓名	身份与职位	出资金额	股权比例	表决权比例	分红权比例
路飞	创始人CEO	50万元	25%	25%	25%
索隆	联合创始人运营总监	30万元	15%	15%	15%
娜美	联合创始人市场总监	20万元	10%	10%	10%
罗杰	投资人	100万元	50%	50%	50%

我看完后上述股权分配方案后，对其进行了调整。

我按照资金股与人力股分配股权，资金股占比30%，人力股占股70%。资金股方面，按照他们的出资比例乘以资金股的分配比例，最终计算出他们所占资金股的比例。这样路飞的资金股比例为7.5%，索隆的资金股比例为4.5%，娜美的资金股比例为3%，罗杰的资金股比例为15%。

人力股方案主要根据岗位重要性分配，我们拿出10%的股权作为期权池，由路飞代持，路飞是创始人兼CEO，个人的人力股为41%；索隆作为联合创始人及运营总监，其人力股为12%；娜美作为联合创始人和市场总监，其人力股为7%；投资人罗杰不是全职，不参与公司管理，人力股为0。

这样股权比例合计：路飞58.5%，含代持期权池10%，索隆16.5%，娜美10%，投资人罗杰15%。这实现了资金股与人力股的合理设计。考虑是创业初期，需要由一个绝对控制权的大股东，因此我对此进行了同股不同权设计，路飞的表决权为67%，便于快速决策，掌握大方向，剩余三人按照各自的占比分配剩余的33%的表决权。表决权约定为：路飞67%，索隆13%，娜美8%，罗杰12%。

利润分配方面按照同股不同利设计，因为有10%的期权池，在分配时也进行了同比例的让渡，分红权约定为：路飞53.5%，索隆19%，娜美11%，罗杰16.5%。

股权分配方案（调整后的方案）

合伙人姓名	身份与职位	资金股（30%）		人力股（70%）	股权比例合计	表决权比例	分红权比例
路飞	创始人CEO	50万元	7.5%	51%（代持期权池10%）	58.5%	67%	53.5%
索隆	联合创始人运营总监	30万元	4.5%	12%	16.5%	13%	19%
娜美	联合创始人市场总监	20万元	3%	7%	10%	8%	11%
罗杰	投资人	100万元	15%	0	15%	12%	16.5%

创始人保证控制权，同股不同权（同比例让渡），同股不同利（同比例让渡）。

同时，再约定股东会的议事规则，退出机制，一致行动条款，这就完整了。

3.5　合理的股权比例分配方式

两个合伙人合伙，股权比例建议为 90%：10%，80%：20%，70%：30%，这样既保证公司，能够快速决策，还可以预留一部分的期权池。如果股权比例是 60%：40%，就稍微麻烦一些，最好在股东协议里约定议事规则和股权稀释的问题。

三个人合伙，股权比例建议为 80%：10%：10%，70%：20%：10%，67%：20%：13%，60%：30%：10%，51%：30%：19%，规避股东僵局，保证创始人对公司的绝对控制权。比较特殊股权比例是 51%：34%：15%，创始人具有相对控制权，二股东有重大事项的一票否决权，可以防止大股东一意孤行。四人以上的合伙，股权比例建议为 67%：13%：10%：10%，51%：10%：10%：10%：9%，具体比例还要根据实际情况进行设计和分配。如果合伙人担心股权治理分散，可以设置一致行动条款，约定几个股东相当于一个集合体，可以成为一致行动人。如果合伙人人数太多，还可以将合伙人的股权放在有限合伙企业进行持股，约定创始人担任普通合伙人享有决策权，其他合伙人担任有限合伙人享有分红权和收益权。

案例：公司股东太多，如何分配股权和搭建股权架构

这是很多企业家朋友咨询的问题，公司股东太多的话，如何进行股权设计。特别是要引入多名投资人或者众筹资源型股东，包括公司或者门店层面的多名股东时，如何进行多股东的股权分配设计，如何搭建多股东的股权架构？下面，我来系统分析以下几种解决思路。

第一，要设立一个核心大股东的原则，保证控制权，释放分红权，

这也是我一贯坚持的原则。

无数的创业案例和失败教训告诉我们，创业过程中一定要有一个核心大股东，这个人负责全局，在股权比例分配上也是大股东。如果股东人数比较少，占股80%、67%、51%都可以；如果股东人数比较多，怎么办呢？尽管这个时候股权比较分散，但至少也是相对的大股东，也就是单个股权比例最大的股东，并且股权比例比第二股东和第三股东总和要多，也就是1＞2+3。如果股东人数超过4个人，也要确立核心大股东，同时二股东和三股东之和应尽可能小于34%，预留一部分股权作为期权池。如果股权比例进一步降低，可以进行同股不同权的约定，采取表决权委托，一致行动人等方式来保证控制权。

第二，股东数量很多的时候，就不要直接持股，否则，股东进退都很麻烦，可以考虑间接持股，有以下三种思路。

第一种思路是大股东代持，由大股东代持其他股东的股份，减少直接持股的股东，便于决策，减少股东治理难度。

第二种思路是建立股东持股平台，把其他股东都放到持股平台中去，这样能减少直接持股的股东数量。即便未来小股东有变动，也只是在公司上层的变化，不会影响公司的主体稳定性。可以考虑有限合伙企业或者有限责任公司作为持股平台。

第三种思路是协议约定。股东人数过多时，可以考虑通过协议约定来对股东进行管理，比如，如果是投资型股东或者资源型股东，可以进行投资协议约定，只享有投资收益权，无管理权和所有权，确定收益权估值、出资额和股权比例，约定退出机制，通过量化资源型股东的贡献来兑现股权。

总结：公司的直接持股股东不要太多，当股东数量过多时，可以考虑利用双层公司结构和股东协议约定来解决股东人数太多的问题。创始人保持对公司的控制权有很多方式，比如，直接持股占有大股、双层公司架构、同股不同权设计、董事会控制权设计、一致行动人协议、表决权委托协议等设计都可以实现。股权架构的设计对多股东的公司特别重要。

3.6 常见股权分配的致命错误

投资大神查理·芒格曾说过，如果知道我会死在哪里，我将永远不去那个地方。了解股权分配错误，是为了少犯错误，不犯错误，这样才能少走弯路，不踩坑。常见的股权分配错误模式有：按照出资比例分配股权，忽视人力资本的价值；投资人占大股，过早地丢掉公司的控制权；没有进行股东协议的约定；一上来就给资源提供者兑现股权，没有进行资源价值的量化；没有设置好退出机制，人走，股还在，留下的合伙人给走的合伙人打工。

3.6.1 按照出资比例分配股权

传统的分配方式，是按照出资比例分配股权，这也是公司法的规定。在实际中，会看到很多公司的股权是这样设计的。如果只按照出资比例来分配股权，那只是对钱进行了定价，但没有对人进行定价，没有对相关资源进行定价。现在是人力资本的时代，人才要雇佣资本，而不是资本雇佣人才，人才要和资本实现共赢。资本的价值只能创造存量价值，只有人才才能创造增量价值，因此，不能只按照出资比例分配股权，而是要设计资金占股，人力占股，资源占股的多元化分配模式。这主要看是什么样的公司类型。是人力驱动型，资金驱动型，还是资源驱动型。人力驱动型，人力股要占大股；资金驱动型，资金股要占大股；资源驱动型，资源股要占大股。总之，不能完全按照出资比例来分配股权，要把人和资金、资源都考虑进去，这样才能合理实现人力、资金、资源的利益最大化。

讲一个案例，2012年，创始人刚创立一家儿童教育培训公司的时候，创始人和4个合伙人共出资200万元，按照出资比例分配了股权，创始人当时只出资80万元，占股40%。经过这些年的发展，公司已经从500万元的营收，上升到7 000多万元。随着时间的推移，由于其他合伙人能力跟不上，就选择躺赚了。创始人心里不平衡，干的最多，操心最大，却给其他股东打工，后来出现了股东纠纷，最后必须有人要出局，创始人以近800万元的现金回购了两位股东约30%的股权，让其退出了公司，回购成本非常大，导致公司的现金流压力很大，要好长时间才缓过劲。因此，一定不能人资倒挂，不能按照出资比例来分配股权。这位创始人分配股权时不计后果，结果后悔莫及，这是花了800万元买来的教训。

案例：出资股东与出力股东之间股权分配不合理，如何进行调整

深圳一家做教育培训的公司，至今已经成立2年了。创业之初，创始人找到3名合伙人，当时承诺4名合伙人全职参与，但是其中一名A合伙人一直没有全职，他本身有自己的一摊子事，没顾上公司的发展。当时各位股东共出资1 000万元，按照出资比例分配股权，A合伙人占有30%的股权，其他3名合伙人出资、出力、出人参与创业，创始人占股50%，其他两名合伙人各占股10%。A股东一直没有全职，但是一直在分享创业果实，分红拿的也不少，这对其他合伙人来说不公平，创始人咨询如何进行股权调整。

我首先对股东分类，分为投资股东，只出钱，出资大，占小股；管理股东，出资、出力，出资小，占大股；资源型股东，提供资源来兑现股权。然后，我给出几种方案供这位创始人参考。

第一种方案，如果A股东只是作为投资股东的话，建议公司其他股东回购A股东持有的一半股权，回购价格可以是原始出资额或者参

照净资产的价格适当溢价，这样 A 股东还剩下 15% 的股权，回购的股权作为公司的期权池，可以激励其他合伙人或者核心员工。

如果 A 股东不同意回购，那可以对利润分配做调整，可以约定拿出利润的一部分让管理股东优先分红。假设今年利润 300 万元，先提取 100 万元作为公司的发展基金，再优先提取 60 万元作为管理股东分红，按照每个全职股东的业绩贡献或者考核结果进行分配，剩余利润再按照股权比例分配。这样就很好地解决了各个股东之间分配不平衡的问题。

很多人会说，如果 A 股东不同意怎么办？从长远的角度看，如果 A 股东不同意，那么结局一定是其他合伙人因为心里不平衡，要么自己退出而另谋发展，要么不用心经营公司，最终是两败俱伤。A 股东虽然股权或者分红少了一点，但很好地解决了分配不平衡的问题，那么 A 股东的股权也会更值钱，能分到的分红会更多。比起两败俱伤的结果，A 股东自然会考虑散伙成本和未来的分红收益。

第二种方案，如果 A 股东后期能够全职参与创业，可以考虑他的股权分 5 年成熟，或者当公司年利润达到 500 万元时，他的股权可以加速成熟，激励他全职创业，做出贡献。

同时，通过股东协议约定同股不同权和一致行动方案，让创始人的表决权达到 67%，其他股东分红权同比例稀释，意见一致的时候听谁的，意见不一致的时候听谁的，提前约定清楚，保证创始人的控制权，对初创公司来说，特别重要。

总结：完全按照出资比例分配股权是不合理的，因为每个人的贡献是不同的，特别是全职参与创业的股东。一旦分配出现问题，那么最终的结局是散伙。所以，这就要求前期一定要进行资金股与人力股的设计，要约定股权成熟期，议事规则，进入、调整和退出机制，这样才能规避股权问题，实现公司的健康持续发展。

案例：投资人出资100万元，占股20%，创始人达不到业绩要求，是否可以双倍回购股权

一位创始人自己经营一家酒店管理公司，占股65%，每年业绩在1 000万元左右，有3名合伙人。现在，有一家酒店管理集团，比较看好创始人和团队，想作为投资人成立一家新公司运营酒店管理，集团有粉丝流量和资源提供，提出的条件是按照总投入500万元，投资人出资100万元，占股20%，两年后达不到业绩条件，创始团队要以双倍的价格回购投资人的股权，此时创始人有点犯难了，应该怎么和投资人谈判，争取自己的利益，保障自己的权利呢？

现在，帮他梳理一下方案。

投资人层面：

首先要分析这个投资人是财务投资人，还是战略投资人，通过分析可以得知，这个投资人是一个战略投资人，是为了以后进行产业布局，有可能会进行资本运作，寻找上市并购机会。这对创始人来说，未来有机会上市并退出也是一个不错的选择。

股权比例层面：

按照出资比例分配股权是不合理的，这种分配模式相当于只对资金进行了定价，并没有对人的价值进行定价，可以考虑按照资金股和人力股各占50%进行股权分配，投资人出资200万元，占股20%，相当于放大了创始人的杠杆，人力股估值500万元。创始团队出资300万元，占股80%。

业绩对赌层面：

如果经营团队达不到业绩要求，两年之后就以投资人原始出资额的2倍回购投资人的股权，这个条件有点苛刻，虽然投资人的风险和成本比较低，但业绩的完成与否与投资人的资源贡献也有关系。解决思路是投资人要承诺提供多少流量，提供多少酒店数量，支持多少活动，这些承诺与投资人的股权挂钩，如果达到了，就兑现股权；如果达不到，就减少投资人的股权。

量化指标层面：

如果投资人提供了这些量化指标，创始团队没有达到业绩考核，投资人选择退出，可以要求创始团队以原始出资回购投资人股权。如果没有提供这些量化指标，创始团队没有达到业绩考核，创始团队不承诺回购投资人股权。这对投资人也提出了相应的要求，降低了回购风险。

公司治理层面：

控制权、管理权和财务权归经营团队，投资人享有知情权、表决权和监督权，成立5人董事会，投资人占2席，经营团队占3席，监事由投资人担任，形成完善的治理结构。

回购约定层面：

经过双方同意，集团公司未来要进行资本运作或者并购，有权以商议的价格回购经营团队的股权，满足其上市要求。如此，经营团队也可以以高价转让一部分股权或者置换上市主体的股权。

利润分配层面：

预留30%的净利润作为公司发展基金，达到业绩后，提取10%净利润作为管理层分红资金，没有达到业绩不进行提取，剩余利润按照股权比例分配。

经营团队股权层面：

经营团队总共占股80%，创始人占股40%，3名经营团队成员各占股10%，预留期权池10%由创始人代持。4名经营团队成员可以考虑成立一家持股公司，一方面可以放大创始人的控制权，另一方面可以防止其他合伙人与投资人联合。内部签署同股不同权，一致行动条款，约定退出机制，包括退出价格、退出时间和退出情形等，对合伙人进行约束。这样才能实现对内稳定队伍，对外引进资金和资源的目的。

总结：对外不要按照出资比例分配股权来引进投资人，警惕业绩对赌条款，完善治理结构，保证控制权；对内稳定队伍，签署一致行动条款，约定合伙人退出机制，凝聚人心，共创共享共担。

3.6.2 投资人占大股

一般投资合伙人只出资，不能按照出资比例来占股，要确定公司的估值，按照出资大、占小股的游戏规则来进行。让创业者更好地找到投资合伙人，保证控制权。内部的创始合伙人，可能是按照100万元来估值，但是，投资合伙人，可能是按照1 000万元来估值，你出80%的资金，只能拿到20%的股份，这就是典型的创投模式，要注意和投资合伙人尽量别签署对赌条款、回购条款等，同时要保证自己的控制权。

案例：投资人出资300万元占股65%，创始人不出钱占股35%是否合理

一家做互联平台的公司，计划做人力驱动型项目，前期项目需要资金，引进了投资人，但是自己不出钱，只有投资人出前期的资金，相当于天使轮，投资人占股65%，这种比例是否合理？如何调整呢？

从公司发展角度来看，这是不合理的，相当于一开始就把公司的控制权让渡给了投资人，公司的命运不是掌握在创始人手里，而是掌握在投资人手里。当然，创始人不出钱，投资人也会有顾虑，否则也不会要65%的股权了。而明事理、懂运作的投资人都知道，如果这种情况持续下去，创始人在贡献与股权比例不匹配时会出现心理失衡，变成了创始人给投资人打工，不利于长远的合伙，必然会使其另立山头。

那么，应该如何调整呢？我给这位创始人梳理了几个思路以供参考。

第一种思路，股权比例调换。就是创始人按照人力占股65%，投资人按照资金占股35%，创始人有相对控制权，投资人有重大事项一票否决权。这需要重点沟通，投资人看中的是创始人和项目，才会做这样的取舍。当然，也可以进行同股不同利的设置，即使股权比例进行了调换，但是分红权比例投资人还可以是65%，创始人是35%，这样相对合理。

第二种思路，创始人出资100万元，投资人只需要出资200万元，通过设置资金股与人力股，让创始人的股权达到51%，预留14%的股权以吸引未来的合伙人，由创始人代持，投资人占股变为35%，便于公司未来的发展和资本运作，既能吸引合伙人，又不稀释投资人的股权。

如果股权比例已无法进行调整，投资人还是占股65%，创始人占股35%，那就要设置同股不同权的模式，创始人股权是35%，但他的表决权是65%，投资人的股权是65%，但表决权是35%，这样就放大创始人的控制权，有利于其掌握大方向。另外，还要加上动态调整，如果项目达到2 000万元销售额的时候，投资人要按照原始股权价格转让股权，转让给创始人15%的股权。如果项目的销售额达到5 000万元的时候，投资人再转让给创始人15%的股权，逐步调整为创始人占大股。

此外，还可以通过收益权融资，和投资人约定投资人只享有65%的收益权，不享有表决权，投资人不参与管理，但投资人可以要求保本金、保一定的收益。设置3年锁定期，锁定期后投资人可以要求创始人按照原始出资或者当期估值来回购投资人的收益权，对项目未来很有信心，就可以采用收益权融资，不浪费股权。

总结：与投资人打交道，不能让渡太多的股权，否则，后期的调整和运作空间会很小，不利于接下来的股权运作。创始人一开始也要出一部分资，打消投资人的顾虑；投资人可以先占少部分的股权，实现人力与资本更好合伙。

3.6.3　没有签署股东协议

创业初期，容易感情用事，兄弟情义，不签协议就直接开干了，等公司做大了，没办法进行股东决策，各种争议不断，股东要退出，回购价格怎么定，股东的分工是什么，利润的分配方案如何定，多少比例的净利润是用于股东分红，是否有股东的退出机制，股权能否对外转让。这时才想起来没有签署股东协议，耗费股东心力。亲兄弟明算账，先制定协议，认可协议和遵守规则是成为股东的前提。事先制定具体实施办法，大家承诺共同遵守，才能确保公司的根基长治久安。

案例：未签署股东协议，小股东被大股东清退时，如何保护自己的权益

一家服装连锁品牌的公司，从最初的单店模式，发展为连锁品牌，股权比例是大股东 40%，二股东 40%，小股东就是这位合伙人，占股20%。

现在，出现了股东纠纷，当时并没有约定分配的股权到底是单店的股权，还是以后所有门店的股权（即所谓的总部的股权），这就为股权纠纷埋下了伏笔。

以前，公司是专注于北方市场，现在要进军南方市场，在南方开拓了 2 家新门店。现在，大股东上了所谓的股权课，听了朋友建议，以小股东没有在南方作贡献为由，想强制收回其在南方店的股权，只把原先北方店的股权保留，这个时候作为小股东的合伙人，应该如何应对？

现在，分析问题产生的根源，当时没有签署股东协议或合伙协议，没有明确当初的股权到底是门店层面的股权，还是公司总部的股权，从实际情况来看，应该是约定的总部股权，但是现在大股东反悔了，因为小股东在南方店没有做出贡献，所以要清退小股东的股权，这让小股东很难接受。同时，也没有确立核心的大股东，没有股权的动态调整机制和退出机制，这必然会导致股东出现纠纷。

站在小股东的角度，我梳理了三种方案。

第一种方案，继续合伙的思路，和两位大股东沟通，确定股权到底是门店的股权，还是总部的股权。在北方店面，还是保留442的股权比例，小股东占比20%，但是要约定小股东占总部10%的股权。另外，把10%的股权转让出来，作为期权池，以后开的每一家店小股东都要占10%，没有3位股东就没有现在的门店，没有3位股东就没有品牌的未来，从这个角度来看，小股东后期贡献小，可以降低一部分股权，大家都能接受，也保证了团队的稳定性。

第二种方案，小股东从南方店退出，但是要给其利益补偿，小股东可以不再持有南方店的股权了，但是大股东要回购小股东的股权，回购的价格因为没有约定，可以按照净利润的3~5倍分3年进行回购，逐步退出，这样既保证了小股东的利益，也让大股东能够接受，不至于因为现金流压力太大，导致公司经营出现问题。

第三种方案，如果大股东不讲道理，强制要求退出，小股东可以联合另外一个二股东，做好最坏的打算，因为小股东和二股东一联合就是60%的股权，因为没有核心大股东，这样两位股东一联合是有可能让大股东退出的，但是这里面要注意的是，公司散伙对大家来说都是伤害，没有赢家。因此要做好计划，万一大股东退出，如何回购股权，如何保证门店的经营，如何保证彼此的利益。

这主要是大股东一意孤行导致的后果，所以，我们也常讲要将心比心，你怎么对待别人，别人也就怎么对待你，心在一起，才是团队，离心离德，必然分崩离析。

总结：进行股权合伙一定要提前约定股权的持股主体，动态调整机制，退出机制，要不然，会产生股权纠纷。同时，作为大股东，要统筹全局，不要一意孤行，否则，既伤害合伙人的感情，又丢掉了彼此的利益。要坐下来，好好谈，细细调，建机制，建规则，签协议，这样才能保证事业的长久。

3.6.4 一开始就给资源提供者兑现股权

在公司发展过程中，遇到资源型股东，要入股，怎么设计呢？首先，明确这些资源对于公司来说非常重要，否则，可以先合作，或者考虑给分红股。例如，经常遇到这样的人，他说他有很多个客户和市场渠道，但是要占10%的股份。好多人直接就给了，但有可能最后他的这些资源并没有为公司创造多大的价值，甚至有的拿了股份之后就什么都不干了，只等着分红，很多人为了拿到股份往往会夸大自己持有的资源。所以，对于资源型的合伙人，要有考核、有对赌，对赌的内容包含两项，一项是业绩对赌，一项是时间对赌。例如，有人说能够为你介绍100个客户，问你要10%的股权，你就要跟他约定在多长时间之内，业绩能达到多少，或者多少客户成为你什么级别的客户，对赌实现了，才能给他股份。相当于是业绩股，有了业绩，才有股权，按照业绩贡献考核给予资源股，低于目标值就不给股份，只给业绩提成奖励，提供的资源要量化，这样才没有风险，可进可退。

案例：如何针对资源型合伙人进行股权分配与激励

一家进出口贸易公司，由于选择品类不错，年营业额在2 000万元左右，利润达到了200万元，公司迎来发展期。现在，有位行业内的资深朋友想入股公司，说是有行业资源能够给予公司支持，这下这位企业家犯难了，如何给他分股权呢？给他多少股权？要他出资多少呢？

首先要明白，资源型股东的特点是以兑现资源来获得股权，很多老板听说有资源的人要入股，直接就给了10%的实股，结果是资源型股东并没有兑现他的资源，而老板白白付出了股权。正所谓请神容易送神难，针对资源型股东要特别注意设置进入、调整和退出机制。

我给这位老板梳理了两种思路以供参考。

一种思路是采用分红股乘以资源考核系数的模式。

这位资源型股东以市盈率 5 倍的估值来认购公司的股权，公司估值就是 1 000 万元，资源型股东出资 50 万元获得 5% 的股权，该入股金承担公司的亏损。在年底分红的时候，资源型股东的分红为可分配利润乘以分红比例再乘以资源考核系数，比如，要给公司提供 300 万元的业绩，达到了 300 万元，分红比例全部兑现；如果只提供了 150 万元的业绩，只能兑现一半的分红；如果连续 3 年兑现的资源低于目标值的 50%，将取消资源型股东的资格，退还原始入股金。3 年过后，根据资源型股东的实际完成率乘以股权比例，进行工商变更。

资源型股东分红 = 公司可分配利润 * 持股比例 * 资源考核系数。

另一种思路是先给予资源型股东一部分股权，再逐年考核配股。还是按照 1 000 万元的估值，给予资源型股东 2% 的股权认购权，出资 20 万元可以获得 2% 的股权，这部分股权不需要考核，然后每一年考核合格后增加 1% 的股权，连续考核 3 年。

比如，第一年可以定资源业绩贡献目标 200 万元，达到目标就可以继续认购 1% 的股权。

第二年可以定资源业绩贡献目标 300 万元，达到目标就可以继续认购 1% 的股权。

第三年可以定资源业绩贡献目标 500 万元，达到目标就可以再继续认购 1% 的股权。

3 年过后，可以根据资源型股东的实际完成业绩，来汇总最终获得的股权比例，进行工商变更。如果 3 年业绩都完成了，还可以再额外赠送 1% 的股权，体现激励性。

总结： 针对资源型股东分配股权，杜绝开始就给实股，一定要按照量化资源贡献来逐步兑现股权，逐步增加股权，给的有理有据，可增加可收回，有激励条件，有限制条件，这样公司用股权换来了资金和资源，资源型股东用资源换来了收入和股权，实现了共赢，可以共同推动公司快速发展。

3.6.5　没有退出机制，人走，股还在

离职的合伙人，原则上是要退股的，你要考虑这个合伙人，有没有做历史贡献，要评估他的出资，还要确定他的股权回购价格，这对继续留在公司打拼的合伙人才公平。他离职了，他的股权必须由公司或指定的股东来回购。

股权分配设计的总结：比较合理的股权分配方案是创始人占股50%~60%，联合创始人占股20%~30%，要预留期权池10%~20%，引进投资人进行增资扩股。起初，建议投资人占股比例为10%~20%，股权设计和分配要以始为终，遵循当下贡献和未来价值创造。

股权分配设计的总结

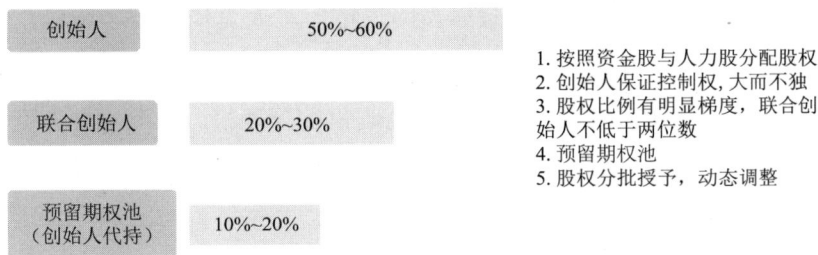

创始人	50%~60%
联合创始人	20%~30%
预留期权池（创始人代持）	10%~20%

1. 按照资金股与人力股分配股权
2. 创始人保证控制权，大而不独
3. 股权比例有明显梯度，联合创始人不低于两位数
4. 预留期权池
5. 股权分批授予，动态调整

股权等于价值创造，等于责任承担，等于未来价值。所以，给有价值贡献的人分配股权，谁来创造价值，就给谁分配股权。要明确股东的类型，能给钱的就不要给股权，要把股权的稀缺性给体现出来，按照资金股、人

力股和资源股分配股权，保证创始人控制权，大而不独，股权比例有明显梯度，联合创始人不低于10%，预留员工期权池，股权做到动态调整，分批授予，分期成熟。明确公司未来的发展规划，明确公司在什么阶段，需要什么样的合伙人，分配怎样的股权，用什么样的资源，吸引什么样的投资人，要分步、分层次的去做好公司的股权设计。分好蛋糕只是手段，做大蛋糕才是目的，只有选对人，分好股，做对事，科学设计，合理分配，才能保证公司立大业，成大事。

3.7　创始人控制权设计

创始人控制权设计是重中之重，机制决定地位，不懂控制权设计，公司和创始人可能就白忙活了。

当当网李国庆与俞渝的夫妻之争，本质是一场股权控制权之争，跟股权比例有一定关系。

李国庆说过一句话："股份的事，俞渝签什么，我就签什么，我看都不看，信任嘛。"结果李国庆出局了。其实，当当网在美国上市时，李国庆股权比例是27%，俞渝是5%。后来当当网退市，两人再次分配了股份，俞渝股份比例为64%，李国庆为27.5%。

这就导致李国庆丧失了当当网的控制权和管理权。因此，要高度重视创始人的控制权，做好股权设计和分配。如果是夫妻创业，可以约定一方有控制权和表决权，分红权双方可以五五分，甚至分红权全归另一方。确立一个实际控制人，组织不分大小，领导只有一个。要不然，公司没了，爱人也走了。

创始人如果不重视控制权，后果是什么——创始人出局。

1号店的于刚从平安融资8 000万元，出让了1号店80%的股权，控制权就此让渡给了平安。于刚团队从创始人变成职业经理人并最终出局，

1号店也在数年后被低价卖给了京东。前车之鉴，后事之师，有了1号店的惨痛教训，于刚再次起航创业，成立1药网时，于刚始终保证了其对公司的控制权，1药网母公司在美国上市，根据招股说明书显示，于刚和刘峻岭合计持股49%，通过同股不同权的AB股设计，拥有95%的投票权，牢牢保证对公司的控制权。从1号店到1药网，可以看到，创始人对公司控制权的重要性，提前设计尤为重要，不要等出了问题再去调整，成本极大。

俏江南的张兰不懂股权设计，与投资人打交道没有进行控制权设计，进行了业绩对赌，结果对赌失败，自己辛苦创业了23年，最终被逼无奈从公司"净身出户"。如果没有进行资本运作引进投资人，如果懂得投资条款的设计，如果不去放大自己的抱负，如果懂得控制权的设计，她是可以保住自己的公司。因此，创始人与投资人打交道时，要注意控制权的设计，对赌条款的设计，确定合理的估值，签署适合的投资协议，保住创始人的控制权，才能让公司沿着创业团队的使命和方向前行。

乔布斯不懂控制权设计，因为理念不一致，与自己聘请的原百事可乐公司饮料部总经理后担任苹果CEO的斯卡利发生了激烈的意见冲突，两个人进行了控制权和经营权的争夺。斯卡利最终摊牌，在董事会上说："如果乔布斯留在公司，我将无法执行任务，我将辞职，离开公司！"这个考验就交给董事会了，公司董事会在综合考虑之后最终选择了斯卡利，解除了乔布斯的全部领导权和经营权。被"退出"的乔布斯不得不离开苹果。当然，这个退出还有后续的故事，之后董事会又邀请乔布斯重回苹果，开放领导权和经营权，乔布斯带领苹果公司走向了巅峰，创造了辉煌。

王石创建万科也是一样，从一开始就放弃了对公司的控制权，这是战略选择错误，后续再怎么调整和补救都是战术上的弥补，很难影响和左右局势。最后王石从万科创始人变成了万科名誉董事长。

如果创业者一开始就把控制权让出去，如把70%的股份给出去，再大的公司也做不下去。比如，1号店的于刚。只要把事情做起来就好，股份多少不重要，这样的想法是错误的。控制权设计是创始人的顶层设计，要高度重视，要不然，船大难掉头，调整成本很高，还有可能是鱼死网破。

创始人如何在开始合伙时掌握控制权呢？自己要先启动项目，做发起人。然后，再找合伙人，这样你就是创始人，后来加入的就是联合创始人，这样他们就会占小股，自己就会掌握主动权。

当然也可以先成立公司，有了公司，后面进来的合伙人，创始人可以把股权转让给合伙人，可以给限制性股权或期权，这样主动权就掌握在自己手中。

引进投资人也是一样，自己可以考虑先成立公司，把团队组建起来，再找投资人进行融资，投资人通过增资扩股的方式进入公司，这是典型的创投的融资方式，创始人出资小、占大股，投资人出资大、占小股。

3.7.1　股权比例控制模式

成立公司后，控制公司最直接的方式就是通过股权比例控制股东会。股东会是公司的最高权力机构，应该知道股东会的职权有哪些。《公司法》第三十七条第一款规定，股东会行使下列职权：

（一）决定公司的经营方针和投资计划；

（二）选举和更换非由职工代表担任的董事、监事，决定有关董事、监事的报酬事项；

（三）审议批准董事会的报告；

（四）审议批准监事会或者监事的报告；

（五）审议批准公司的年度财务预算方案、决算方案；

（六）审议批准公司的利润分配方案和弥补亏损方案；

（七）对公司增加或者减少注册资本作出决议；

（八）对发行公司债券作出决议；

（九）对公司合并、分立、解散、清算或者变更公司形式作出决议；

（十）修改公司章程；

（十一）公司章程规定的其他职权。

1. 不要轻易丢掉三"权"

公司的重大事项的表决权：修改公司章程，增加或者减少注册资本，公司合并、分立、解散、清算或者变更公司形式作出决议，需要 2/3 以上股东表决通过；除了这些事项之外，基本就是普通事项，需要 1/2 以上股东表决通过。因此，不要轻易丢掉三"权"。

一是绝对控股权，对应股权比例为 67%。千万不可为了短期利益，轻易出让控股权。一旦发生股东冲突，很大程度上取决于股权比例。

二是相对控股权，对应股权比例为 51%。如果是初创公司，当公司发展到中后期，由于不断融资，创始人已经不再绝对控股，就需要有相对控股的权利，要守住 51% 的相对控股权。

三是重大事项的一票否决权，对应的股权比例为 34%。这个否决权不是否决所有事项的，主要是针对公司的重大事项行使否决权，是针对 67% 而言的。根据公司法规定，公司的重大事项主要包括修改公司章程，增加或者减少注册资本，公司合并、分立、解散、清算或者变更公司形式。

没有融资经验的创业者，通常会将重大事项的一票否决权让给投资人，这就为未来的纷争埋下了隐患。因此，在融资的时候，要小步快跑，逐步去释放股权，当你把大比例的股权出让给投资人的时候，也就意味着将控制权拱手相让，无法掌握公司的前途和命运了。著名的小黄车悲剧也是因投资人的一票否决权造成的。试想一下，如果创始人和经营团队无论做什么决策，投资人都一票否决，那事业还怎么办，这样会造成决策僵局和公司发展的停滞不前，因此，创始人要把重大事项的一票否决权，掌握在自己手中，这是一道防守线。

案例：如何正确地与投资人的否决权进行博弈

当年 ofo 的新闻刷爆了朋友圈，但最终小黄车从 200 亿的估值迅速坠落，创始人戴威变成了失信被执行人，被限制高消费，这意味着 ofo 距离破产仅一步之遥。戴威用惨痛的经历给我们上了一课生动的股权。

网上有很多分析 ofo 失败原因的文章，对此，马化腾所说："最近这么多分析（ofo）的文章，没有一个说到真正原因。"马化腾一针见血地道出一个真相："就是一票否决权。"据公开资料显示，在 ofo 公司里竟然有 5 方具有否决权，分别是：创始人戴威、滴滴公司、阿里公司、经纬投资和金沙江创投。

大家都说了算，也就是都说了不算，都有否决权，也就都可以否定别人。只要与自身的利益不相关，就有可能动用自己手中的一票否决权，影响公司的发展。这是在当初做股权设计的时候没有提前设计好，为以后的股权纷争埋下了伏笔，爆发股权僵局只是时间早晚的问题。虽然有各方大牛的助力，但是没有把股权设计好，没有把权利分配好，没有把治理结构建立起来，楼盖的越高，坍塌的越彻底，再好的项目也有极大的隐患，眼看他起高楼，又瞬间楼塌了。

对创始人而言，一定要掌握控制权，特别是在融资的时候，与投资人之间进行博弈，即使股权被稀释到极致，也要牢牢掌握公司的控制权，控制权比股份更重要。

现在问题来了，如果有投资人要投资你的公司，要占股 35%，在资本寒冬下，公司也需要这笔资金，应该怎么办？

我们要明白两点：

一是投资人占股 35%，不利于后期再融资；

二是 35% 是一个敏感的持股比例，因为有一票否决权，所以，以后会对公司的实际运营和管理决策产生很大影响。

现实的问题是，你必须融资这笔钱，现在不融资解决公司资金问题，公司发展就会停滞不前，甚至倒闭，后续可能无法再融到资了。

不能出让过多股权，又必须融资，该如何做呢？

第一，和投资人坦诚沟通。"先小人，后君子"是契约精神，投资人投的是人，公司没做起来，持有这么多股权，没有任何作用和价值，你们合伙人要持股，要做员工股权激励，这些都是在创始人团队拥有绝对控制权的前提下来实现的。另外，后面的投资人如果看到前面的投资人持有如此高的股份比例，恐怕也是顾虑颇多，不利于公司未来的发展。

第二，缩小融资额，把出让的股权比例降下去，可以降到20%左右。先把资融了，无论能融多少，但有了融资，团队就有信心，为后面的再融资做了背书。

第三，股权架构上设计多一层持股平台，把投资人以外的股权集中起来，创始人拥有绝对的投票权。即使在后期进行陆续融资，创始团队的投票权也不至于被稀释太厉害。

第四，为了保证创始团队的控制权，与投资人约定股东会和董事会议事规则，签署表决权委托或一致行动人协议。

总结：与投资人打交道，不要轻易丢掉"三权"。如果要融资，要与投资人充分沟通有关控制权诉求，适当降低融资额，搭建持股平台，慎给投资人否决权，这样才能保证公司的健康持续发展。

2. 掌握控制权的重要方式

公司做大的过程，就是创始人股权不断变小的过程，在这个过程中，你要能控制住公司。刘强东说过，如果我不能控制京东，我宁肯把它卖掉。

我们看到很多优秀的公司在上市的时候，创始人的股权已经很少了，通过股权比例来设计，空间不大，因此，要从多方面去设计，比如，阿里通过湖畔合伙人制度来控制公司，腾讯的马化腾和创始人团队，通过一致行动协议来控制公司，京东的刘强东通过表决权委托和AB股双层股权架构方式来控制京东，小米的雷军通过AB股架构来控制公司，华为的任正非通过工会委员会持股平台来控制公司等，还有很多公司采用的是多种模式的组合。

掌握控制权的主要方式有协议控制，一致行动协议，投票权委托协议，持股平台搭建，控制董事会，特殊的合伙人制度，AB 股计划，同股不同权等，下面对此进行逐一分析。

3.7.2　持股平台控制模式

在进行控制权设计时，可以成立一个有限责任公司或有限合伙企业，该有限责任公司或有限合伙企业持有目标公司一定比例的股权，从而实现激励对象或合伙人间接持有目标公司股权的目的，上述持股载体即为持股平台。创始人做有限合伙企业普通合伙人放大控制权，其他人做有限合伙人享有分红权和收益权。这种模式在进行股权激励或者合伙人人数比较多的情况下，很适用。

3.7.3　表决权委托控制模式

"表决权委托"是指通过协议约定，某些股东将其表决权委托给其他特定股东行使表决权的一种控制方式。

创始人为保持控制权而接受其他股东或合伙人的委托，例如，京东的投资人将表决权委托给刘强东，放大刘强东的控制权。

京东上市的时候，刘强东上市前仅持有约 18.8% 的股权比例，但是他通过 DST、红杉资本、中东投资人、高瓴资本、腾讯等股东委托投票权的方式，取得了京东上市前超过半数（51.2%）的投票权，这样就牢牢掌握了京东的控制权。

在具体实操中，可以这样约定：

（1）委托方将其持有的公司多少比例股权的表决权，在公司存续期间不可撤销的委托给受托方（例如大股东）行使；

（2）受托方根据此授权，可以行使公司法以及公司章程赋予股东的各项表决权利，且无须在具体行使该等表决权时另行取得委托方的单项授权；

（3）本表决权委托协议自各方签署之日起生效，在公司存续期间持续有效，且委托方未经受托方同意，不得擅自解除该委托协议；

（4）为了强调持续性，增加违约金。委托方如违反表决权委托协议约定，则应向受托方支付人民币 200 万元作为违约金。

通过以上约定，可以保证创始人的控制权了。

3.7.4　一致行动人协议控制模式

一致行动人协议约定在公司股东会、董事会等重大决策事项上，大家保持一致意见。如果内部协商达不成一致意见时，以指定的某一位股东意见为准。

这是创始人控制权设计的重要手段，一致行动人协议相比于扩大股权比例，具有较大的灵活性，无须太高的设计成本；相比于表决权委托，它又有相当的稳定性，因为该协议往往是长期有效的。

一致行动人如何表决？

可以在一致行动人协议中约定，一致行动人在股东会决议表决中以创始人的意见为准，以创始人的意见作为大家的最终意见，其他人都与创始人保持一致，意见一样的时候听你的，意见不一样的时候听创始人的。

一致行动人相当于是一个"小股东会"，相当于在公司股东会之外又设立一个决策机构，是小机构之间的议事决策。每次在股东会表决时或者在一致行动协议约定相关事项发生时，一致行动协议人可以在这个"小股东会"里先讨论发表意见，讨论出决策结果，作为各方一致对外的决策意见，如果意见不一致时，以创始人的意见为准，然后再在股东会上表决。

例如，永辉超市的一致行动人协议。永辉超市表示，张轩松和张轩宁兄弟，最早安排了一致行动人协议，张轩松持股比例为 14.70%，张轩宁持股 7.77%，张轩松就是永辉超市的实际控制人。后续由于在公司发展方向、发展战略、组织架构、治理机制等方面存在较大分歧，双方正式解除了一致行动人关系。

在实操中，使用一致行动人协议时，可以这样约定：

甲方、乙方系×××有限公司（以下简称"公司"）自然人股东，甲方持股比例为40%，乙方持股比例为10%。

双方同意，就股东会的决策事项包括但不限于以下事项，双方在行使表决权时保持一致：

（1）决定公司的经营方针和投资计划；

（2）选举和更换董事、监事，决定有关董事、监事的报酬事项；

（3）审议批准董事会的报告；

（4）审议批准监事的报告；

（5）审议批准公司的年度财务预算方案、决算方案；

（6）审议批准公司的利润分配方案和弥补亏损方案；

（7）对公司增加或者减少注册资本作出决议；

（8）对发行公司债券作出决议；

（9）对公司合并、分立、解散、清算或者变更公司形式作出决议；

（10）修改公司章程；

（11）其他需提交股东会表决的事项。

意见不一致时，以甲方意见作为一致行动的意见，确保甲方为公司实际控制人。

任何一方未能遵守或履行一致行动人协议中的任何约定、陈述或保证的，违约方除需根据守约方要求继续履行本协议外，并应向守约方支付违约金人民币100万元，同时赔偿守约方因此产生的全部损失（包括但不限于律师费、差旅费等）。

3.7.5 特殊的治理制度控制模式

通过特殊的治理制度设计，比如，事业合伙人制度安排，既让所有创始人团队或核心经营团队的股权集中起来，又将外部投资者所持股份的决策权转移给创始人团队，让创始团队成为公司命运的掌控者。阿里巴巴是实行这种模式的典型代表。

在 2014 年阿里刚上市时，其招股书中披露了的阿里合伙人制度。在公司治理结构上，阿里巴巴仍将采用合伙人制度，实现创始团队对公司的掌控。如果有股东要推翻合伙人提名制度，需要获得至少 95% 股权才能成功，也就是说创始人持股 5% 以上即可控股。创始人减持股份至 6.4% 却仍掌握公司控制权，关键就在于阿里巴巴特殊的合伙人机制设计。

阿里巴巴的合伙人机制又称为"湖畔合伙人制度"，其主要内容就是通过制度安排，设立一个特殊的权力机构，间接控制董事会，进而来控制公司。

传统的公司治理，股东是依据持股比例提名董事候选人，最终形成董事会，进而对公司的经营进行决策。但阿里的董事候选人提名权并不是依据持股比例确定的，而是进行了特殊约定，也就是同股不同权，这也是阿里刚开始没能在香港上市的原因，因为当时港股要求的是同股同权，现在阿里重回香港，也是因为港股可以进行同股不同权的设计了。

湖畔合伙人可以提名董事会半数以上的董事人选，并且，在因任何原因导致董事会成员中合伙人提名的董事不足半数时，合伙人可以额外再提名，直至超过半数为止。

蔡崇信曾说过："合伙人制度对公司治理的作用明显，这样就保证了集体决策，避免少数关键人员变动给公司带来的管理风险。在做出所有的重大决策（如提名董事，吸收新的合伙人等）时，合伙人都遵守'一人一票'的平等决策机制。"

阿里合伙人是公司的运营者，业务的建设者，文化的传承者以及股东。合伙人掌握董事会半数以上董事的提名权，基本上就控制了董事会。

3.7.6　董事会层面的控制模式

《公司法》第四十六条是这样规定董事会职权的,董事会对股东会负责,行使下列职权：

（一）召集股东会会议，并向股东会报告工作；

（二）执行股东会的决议；

（三）决定公司的经营计划和投资方案；

（四）制订公司的年度财务预算方案、决算方案；

（五）制订公司的利润分配方案和弥补亏损方案；

（六）制订公司增加或者减少注册资本以及发行公司债券的方案；

（七）制订公司合并、分立、解散或者变更公司形式的方案；

（八）决定公司内部管理机构的设置；

（九）决定聘任或者解聘公司经理及其报酬事项，并根据经理的提名决定聘任或者解聘公司副经理、财务负责人及其报酬事项；

（十）制定公司的基本管理制度；

（十一）公司章程规定的其他职权。

董事会会议由董事长召集和主持；董事长不能履行职务或者不履行职务的，由副董事长召集和主持；副董事长不能履行职务或者不履行职务的，由半数以上董事共同推举一名董事召集和主持。

其实，大部分的民营公司是没有董事会的，因为前期公司规模比较小，只有一个执行董事就可以了。当公司的股东比较多时，就需要建立规范的公司治理结构，董事会是必然要有的。董事会是由董事组成的，对内掌管公司事务，对外代表公司的经营决策和业务执行机构。董事会与股东会的不同在于股东会是公司的最高决策机构，在会议表决时，一般按照股东的持股比例最终形成决议。董事会则是根据人头，一人一票的方式进行表决。有限责任公司的董事会人数一般在3~13人，股份有限公司的董事会人数一般在5~19人。如果在董事会掌控半数以上的席位，就掌握了主动权。

如果创始人想控制董事会，可以在公司章程进行特殊约定：公司董事会规模的扩大或缩小，创始人均享有过半数董事席位推举权和更换权。董事会设董事长一名，由创始人推举的董事担任。董事会决议的表决，实行一人一票，应当有过半数的董事出席方可举行，重大事项必须经全体董事的过半数通过且包括董事长的同意票。

3.7.7　AB股（同股不同权）控制模式

当公司要上市时，创始团队的股权可能因为融资已经被稀释很多了，这个时候，可以使用AB股模式，帮助创始团队用小股权持续控制公司，保持公司经营的稳定性和持续性，保证创始人对公司的经营控制权，为公司发展提供了制度上的保证。

AB股模式主要是指类别股票，比如，可以设置A类股份持有人每股可投10票，而B类股份持有人则每股可投1票。放大了创始人团队的投票权。小米当初就是采用不同投票权架构，根据该架构，小米股本将分为A类股份和B类股份。对于提呈小米股东大会的任何决议案，A类股份持有人每股可投10票，而B类股份持有人则每股可投1票。

雷军持有31.41%的股权比例，但雷军的表决权比例约为53.79%，小米创始团队和公司管理层拥有对公司的控制权。

其实，很多互联网公司都设置了AB股制度，也就是"同股不同权"，以确保公司在多次股权融资后，在创始人团队股权不多的情况下，也能保持对公司的绝对控制。阿里巴巴、京东、百度等公司都采用了类似的股权结构设计，保证创始人的控制权。无论公司未来要做什么，引进什么样的股东，公司的控制权始终被牢牢掌握在创始人手中。

在有限责任公司，AB股模式可以这样设计：股东甲占股50%，股东乙占股30%，股东丙占股20%。全体股东一致同意，股东会会议表决，不按照股权比例行使表决权，根据各股东在公司发展中重要性的差异，特确定以下表决权的比例：股东甲享有70%的表决权，股东乙享有20%的表决权，股东丙享有10%的表决权。这可以在股东协议或者公司章程中进行约定。

有限责任公司同股不同权的约定是有法律依据的，《公司法》第四十二条规定，股东会会议由股东按照出资比例行使表决权；但是，公司章程另有规定的除外。第四十三条第一款规定，股东会的议事方式和表决程序，除本法有规定的除外，由公司章程规定。

协议控制或者股权架构控制，是对公司的最终控制，是以法律为保障的，最后可以通过法律的手段来保护这种控制权。

拥有公司的实际经营管理权，财务权限，法定代表人职位，持有公章和营业执照，则是控制公司的直接方式。

即使是公司的控股股东，如果不掌握实际的经营控制，不占有法定代表人职位，不掌握公章和营业执照，也只是间接控制，最后仍需要司法机关来保护。

法定代表人通常由公司董事长或经理担任，法定代表人在法定的职权范围内，直接代表公司对外行使职权，相应法律后果由公司承担。通常法定代表人在合同上签字和公章一样具有法律效力，等于公司同意了。

《公司法》第十三条规定，公司法定代表人依照公司章程的规定，由董事长、执行董事或者经理担任，并依法登记。如果想占有公司的法定代表人职位，可以在公司章程中约定具体由×××来担任法定代表人，如果想换掉法定代表人需要修改公司章程，以增加难度。

公章则是公司意志的体现，盖有公章的法律文件能直接约束公司。目前，法律并没有规定公章应该由谁来掌管，属于公司自治的范畴。营业执照是公司合法经营的凭证，像人的身份证一样。如果公司是技术型的或者科技型的公司，核心技术是公司的重点，公司的核心技术人员最好是公司的股东，以避免因员工离职而造成技术外泄，同时约定竞业限制、知识产权归属和保密协议等相关内容。

总结：从大方向来看，没有什么制度或者方法是可以完美地保障创始人的控制权，股东之间要制定规则，建立规则，执行规则，形成共识，建立制度。同时在制定规则的时候，需要所有的合伙人或股东都同意，就是100%都要同意。股东一致认可的股权方案，那就是适合的方案，也是最好的方案。

要强调合伙人的规则意识和契约精神，认同了游戏规则，达成了股权设计方案，同意股东会议事规则和表决机制，大家都要签字，保证创始人控制权，然后共同把公司做大。设计股权方案可能只是几周或几月的事情，但践行它，可能需要很多年，大家彼此都按照协议的约定，按照规则执行，才能实现公司基业长青。

另外，彼此之间要相互信任，加强心智层面的信任，才能不断发挥作用，不断建立合伙文化，树立起公司的使命和价值观。这样才有了创始团队的灵魂，用真心换真心，得道多助，为而不争，创始人就可以因其无私而成其私。

3.8　合伙人进入与退出机制

关于合伙人进入机制，要重点设计合伙人股权的成熟期机制，按照年度、项目或者融资的进度来兑现股权，实现合伙人长期深度的绑定，同时还要设置锁定期，对授予的股权在锁定期内进行相关的限制，保证股权的完整性，利于创业的成功。在退出机制中，约定好退出的情形，回购的价格，由谁回购，公司强制回购的红线制度等，想好退伙，才能更好地合伙。

3.8.1　合伙人进入机制的设计

合伙人的进入机制要求选对合伙人，分好股权，确定好合伙人进入规则。一个比较常用的机制就是股权成熟期，分期兑现股权，这是按照国外的创投模式，引入到国内的。所谓股权成熟，一般有两种约定，第一种是约定股权分4年成熟，每年兑现1/4，相当于每年兑现25%。第二种是任职满2年，直接兑现50%，第三年兑现至75%，第四年100%完全成熟。这两种方案基本上就是按照每年25%的股权来成熟，会增加合伙人的散伙成本。如果合伙人提前退出，股权价值会很低。

第三种是逐年增加股权比重，第一年10%，第二年20%，第三年30%，第四年40%，还是四年100%完全成熟，但采用递加的方式，这对于合伙人来说，干的时间越长，成熟的越多，绑定的越深，股权价值越高。

第四种是干满一年，兑现1/4，余下的三年之内每个月兑现1/36，这是按照月度来成熟股权。股权成熟机制，特别是针对人力股的分期成熟设计，能保证合伙人长期的走下去。

合伙人的股权代持。在前期项目或合伙人不确定性比较高的时候，可以由部分股东代持其他股东的股份进行工商注册，等项目稳定或者合伙人稳定后，由代持股权转为注册股权。

3.8.2　合伙人锁定期的设计

股权的获得需要设置锁定期，规避合伙人的短期行为。比如，在股东协议或公司章程里面约定合伙人的股权进行锁定。可以在股东协议里这样约定，为保证项目的稳定，全体合伙人一致同意：自股东协议签订之日起五年内，不得向本协议外的任何人以转让、赠与、质押、信托或其他任何方式，对其所持有的公司股权进行处置或在其上设定第三人权利。如有发生，则视为其自愿以1元价格转让其所有股权给其他股东（或法律允许的最低价格）。

这种锁定期的设计相当于约定了股权在5年之内，不允许进行相关权利的处置，保证了创业项目在5年内股权的稳定，增加了合伙人之间的散伙成本，合伙人团队相对来说是稳定的，大家在5年之内必须要好好做下去。做好公司的项目，才能把自己的股权给赚出来，这样才能保证项目的成熟、稳定和长远的发展。这里面有一个回购的价格，相当于惩罚性的回购，以1元的价格，转让给其他股东（或者是法律允许的最低价格）。

3.8.3　合伙人退出机制的设计

天下没有不散的宴席，只有做好退出设计，才能做好合伙设计，先来看看合伙人退出机制的相关约定。正所谓生意好做，伙计难搭，在合伙创业的时候，如果能想好如何散伙，其实也就想明白了如何合伙。当想好了散伙的那一天，可能就能规避散伙到来的那一天。只有好合好散，才能使我们合得更长久、更长远。

设计散伙规则，最好通过股东协议或公司章程约定，提前做退出机制设计，约定离职需要退股，根据退出的时间，约定退出的价格，可以适当地溢价。约定各合伙人在几年之内，比如，3年之内，不允许退出，退出的话，其他股东有权按照1元价格回购退出合伙人的股权。公司成立3~5年后，如果你退出的话，回购价格参照你的原始出资与股权比例对应公司净资产价格，以两者低者为准退出，这是一种价格的约定。如果公司成立超过5年后，项目都稳定了，此时合伙人退出，可以约定参照退出合伙人的原始出资与股权比例对应公司净资产价格，以两者高者为准退出，承认退出合伙人的历史贡献。

如果你约定了股权成熟期的话，还可以约定未成熟的股权，以零元来回购。成熟的股权，可以参照成熟股权对应公司的净资产价格直接进行回购。退出时，可以保留，也可以不保留股权，如果干了很多年，他退出的话，可以为他保留一部分股权，回购他一部分股权，解决合伙人以后的生计问题，这样大家更愿意把青春贡献给公司。

当我们回购合伙人股权的时候，一般有四种参考价格。第一种是他的原始出资，比如，刚开始合伙的时候，或者随着项目的进展，他一共投入的累积出资额，这是一个参照的回购价格。第二种是随着公司的发展规模越来越大，更多地体现在公司的净资产（主要是未分配利润）上，这个时候可以参照股权比例对应公司净资产的价格来回购。第三种是1元回购，比如，合伙人触犯了公司的红线制度，违反了公司的管理规定，给公司造成了重大损失，这个时候要按照1元的价格回购他的股权（或者是法律允许的最低价格）。第四种是可以参照公司的估值，比如说，公司估值的1/5或1/8等。因为公司估值，是一个很虚的东西，不能直接按照估值来回购，按照估值的折扣价回购相对更合理。

3.9 如何做好合伙人协议

合伙人事先制定合伙规则，认同这些规则，愿意遵守这些规则的人才能成为股东，这样才能确保公司的根基长治久安。

可以说，公司发展过程中每一次股东决策和纠纷，都是对股东的一次考验。提前签好股东协议，规避股东纠纷，防患于未然。

案例：合伙开始前，为什么一定要先签署股东协议

很多企业家在成立新公司时，面临合伙人的股权分配问题，如何签好一份股东协议，股东协议需要约定哪些重要事项？

1. 约定公司基本内容

股东协议要约定公司成立的背景、公司名称、公司注册资本、股东信息和公司的战略目标。还要约定公司的发展方向，即成立公司的目的，要做成什么事情，要解决什么问题，创造什么样的社会价值，未来的事业架构如何搭建，将朝哪个方向发展等。股东间要达成共识，有必要进行一次深入地沟通，甚至是灵魂的对话。

阿里巴巴集团的使命是让天下没有难做的生意，阿里创始团队为了支持小公司发展，他们相信互联网能够创造公平的环境，让小公司通过创新和科技拓展业务，并更有效地参与中国及国际市场竞争。坚信专注于客户需求并为其提供解决方案（不论客户是消费者、商家或是公司），最终将引领他们的业务走向成功。

2. 约定股权比例与股东义务

股权分配中确立核心大股东，按照资金股、人力股、资源股分配股权，计算各自的股权比例，股东之间达成分配股权的共识，否则，

后续的任何一个决策都可能出现分歧和僵局。

明确每个股东的出资金额、出资时间、资源提供和经验能力等，合伙之前所有股东清楚约定每个人必须为公司做的事情，而且要明确没有做到该怎么办。预留期权池可以放在持股平台，根据公司发展进行股权二次分配和调整。

股东要按时履行出资义务，资金什么时间到位，期限为多久，如果未按时出资，其他股东有权以零元价格回购他的股份或者出资不到位，要调整其股权比例。《公司法》第二十八条规定，股东应当按期足额缴纳公司章程中规定的各自所认缴的出资额。股东以货币出资的，应当将货币出资足额存入有限责任公司在银行开设的账户；以非货币财产出资的，应当依法办理其财产权的转移手续。股东不按照前款规定缴纳出资的，除应当向公司足额缴纳外，还应当向已按期足额缴纳出资的股东承担违约责任。

《公司法》第二十七条规定，股东可以用货币出资，也可以用实物、知识产权、土地使用权等可以用货币估价并可以依法转让的非货币财产作价出资；但是，法律、行政法规规定不得作为出资的财产除外。对作为出资的非货币财产应当评估作价，核实财产，不得高估或者低估作价。法律、行政法规对评估作价有规定的，从其规定。

如果我们分配的是人力股的话，如何来实现实缴呢？可以考虑按照后期通过分红回偿出资，或者约定人力股东的出资义务由投资人来履行，或者还可以通过知识产权评估作价履行实缴义务。

3. 约定表决机制

股东协议中必须要确定股东会以及董事会的表决机制。明确规定哪些问题由谁来决策，如果是集体决策，如何表决。约定哪些事项是需要1/2以上表决权股东通过，哪些事项是需要2/3以上表决权股东通过等。一旦表决通过，股东必须坚决执行等。

原则上股东会会议由股东按照股权比例行使表决权。重大事项需要2/3以上表决权股东通过，普通事项需要1/2以上表决权股东通过。

公司重要事项：

（1）审议批准公司对外投资或收购公司的方案及预算；

（2）公司增加或减少注册资本；

（3）公司的分立、合并、解散或变更公司形式；

（4）《公司章程》的修改；

（5）审议批准股权激励计划；

（6）对公司向其他公司投资、贷款或者担保事项作出决议；

（7）审议批准公司购买、出售超过30万元以上重大资产的事项；

以上（2）（3）（4）事项，需经公司代表2/3以上表决权股东通过方为有效。

4.约定公司利润分配

主要是公司赚了钱怎么分，亏了钱怎么承担，最简单是赚了钱按照股权比例进行分配，也可以制定利润分配动态方案。比如，1234模型，全体股东一致同意：公司利润分配方案为提取净利润的10%为法定公积金，弥补亏损；提取净利润的20%作为公司发展基金；提取净利润的30%按照各股东业绩贡献占比进行分配；剩余40%的净利润按照各股东的股权比例进行分配。

5.约定退出机制与股权转让

退出机制是必须事先约定的，想好如何散伙，才能更好合伙。如果没有退出机制的约定，后续股东之间容易扯皮。要在协议里约定正常退出、违约退出、红线退出、退休退出的情形。回购价格是多少，由谁进行回购等，这是股东之间的承诺，对各方都是约束和保护。

股权转让的约定也很重要，可以约定允许股权对外转让，也可以约定股权只能对内转让。《公司法》第七十一条规定，有限责任公司的股东之间可以相互转让其全部或者部分股权。股东向股东以外的人转让股权，应当经其他股东过半数同意。股东应就其股权转让事项书面通知其他股东征求同意，其他股东自接到书面通知之日起满30日未答复的，视为同意转让。其他股东半数以上不同意转让的，不同意的股东应当购买该转让的股权；不购买的，视为同意转让。经股东同意转让的股权，在同等条件下，其他股东有优先购买权。两个以上股东主张行使优先购买权的，协商确定各自的购买比例；协商不成的，按照转让时各自的出资比例行使优先购买权。公司章程对股权转让另有规定的，从其规定。

总结： 股东之间的合作基础是规则，合作之前一定要先签署股东协议，对公司的发展方向、经营目标、股权比例、股东义务、决策机制、退出机制和股权转让等作出约定，并制定具体的实施办法。

3.10 股权布局与裂变扩张

当公司发展到一定阶段的时候，要考虑股权布局与对内对外的扩张，实现公司业务的拓展。通过分析以下几个案例，可以帮助大家更好理解股权布局与裂变扩张。

案例：新公司组建，针对投资人和运营合伙人，老板要学会运用优先权

做电商行业的一位老板，现在想成立一家新公司来开展新业务，预计前期投入资金大约是500万元，现在要针对项目招募投资人和运营合伙人，现在有投资人和合伙人比较有意向，但是投资人有顾虑，想优先回本，是否可以？合伙人考虑的是收益问题，未来发展的预期，如何进行股东招募呢？如何才能收钱、收心呢？

我给出的建议是，可以采用股权的优先权，达到收钱、收人、收心的目的。

先来看优先权的定义，优先股是享有优先权的股权（股票），股东的优先权主要是对公司资产、利润分配、清算等享有优先权，股东的风险相对较小，但是享有优先权的股东一般对公司事务无表决权和决策权。可以约定享有优先权的股东对公司的经营没有参与权和管理权，按照约定退出机制进行回购，达到融资目的。

针对投资人层面，确定公司的估值为原始出资额的2倍，为1 000万元。如果投资人出资300万元，占股30%，但是在投资人回本前，投资人享有优先分红权，先提取20%的净利润归投资人享有，或者按照同股不同利的设计模式，回本前，投资人的分红权为50%，让投资人先回本，解决投资人的顾虑。投资人回本后，不再享有优先分红，而是按照实际的占股比例进行分配。如果投资人有顾虑，甚至还可以约定保底的收益，比如，年度收益不低于出资额的8%，但是投资人无表决权，无管理权。同时退出时，只能转让给创始人或创始人指定人员，回购的价格是原始出资。如果公司清算，投资人享有优先清算权，先拿回自己的投资。

针对运营合伙人层面，我们也可以设置优先权，让干活的人拿大头。比如，运营负责人出资50万元，占股5%，同时约定人力股5%，这样合伙人就占股10%。为了激励合伙人更快地干出业绩，可以约定，如果利润超过100万元，运营合伙人优先分红10%，剩余利润按照约定比例进行分配，如果利润超过200万元，运营合伙人优先分红20%，如果利润超过300万元，运营合伙人优先分红30%；业绩完成得越多，分得越多。如果完成利润200万元，合伙人实际分红比例就达到了28%。

运营合伙人退出机制的约定，原则上项目成熟前的3年内不允许退出，3年后按照原始出资与股权比例对应净资产价格，以高者为准退出，承认股东合伙人的历史贡献。

总结:股权的优先权可以单独进行设计,针对投资人可以进行投资收益的优先分红,强调先回本,享收益,打消投资人的顾虑,但权利是受限制的;针对运营合伙人,采用优先权,可以让股权与分红权不一致,创造出业绩后可优先分红,强调激励性,多劳多得。这样就可以解决资金问题、合伙人运营问题,实现多方的共赢。

案例:分、子公司(门店)如何裂变,如何激励总经理(店长)

一家公司是做房产中介行业,业务主要是一手房买卖,之所以专注于一手房中介业务,是因为一手房业务模式容易复制,便于裂变。公司发展也很快,近两年业绩和人数都翻倍了,快速开了50家子公司,人数达到了500人,这家公司是如何做到的呢?就是靠分子公司的合伙人裂变模式加总经理的股权激励模式,下面对此进行具体介绍。

1. 子公司股权层面

成立新子公司,M总经理最高可以认购20%的股权,按照子公司总投入确定出资额。剩余股权为总部出资40%,投资人出资40%。

利润分配方案考虑总经理完成业绩的考核,达到净利润目标值,可以获得优先分红,最高可达15%。约定提取净利润的30%作为公司发展基金,如果子公司净利润超过50万元,优先分红5%;净利润超过100万元以上,优先分红15%,剩余净利润按照股权比例进行分配。

具体分配表

	总经理	总 部	投资人
股权结构	20%	40%	40%
利润分配	优先分红权5%~15%加剩余净利润20%分红权	剩余净利润40%分红权	剩余净利润40%分红权
权利约定	收益权、管理权、经营权	收益权、决策权	收益权、知情权

2. 股权裂变层面

M总经理去开拓新子公司规则。（要求上年利润需达到50万元）。

（1）原子公司M总经理的股权，第二年由20%降至10%，减持部分优先由继任总经理购买，或者由总公司回购，回购价格按照股权比例对应期末净资产价格（或上年净利润）的2倍。

（2）原子公司享有分红权，原子公司M总经理第一年保留其股权比例的50%，第二年为30%，第三年为10%，第四年不再享有原子公司优先分红权，承认历史贡献，同时也激励M总经理多关注原子公司，多帮扶、多支持。

M总经理培养新总经理开新子公司规则。（要求上年利润需达到100万元）

（1）新子公司总经理股权最高20%，优先分红权最高15%；M总经理培养的新总经理开新店可按照原始投入价格出资，占有5%的股权。

（2）新子公司分红权，M总经理第一年保留其比例的50%，第二年为30%，第三年为10%，第四年不再享有新子公司的分红权。

解决了人才的问题后，又针对子公司的资金问题设计了投资人的股权分配原则。

（1）投资人需要通过总公司资质审核，认同公司发展理念和价值观；

（2）投资时子公司估值由总公司根据投资人综合贡献率确定或参照子公司原始投入的2倍计算；

（3）确定出资金额和收益权比例（原则上不超过40%）；

（4）约定投资人的权利（享有分红权、知情权和间接管理权）；

（5）投资人是保本金、保收益；

（6）约定投资人的退出机制，三年锁定期不允许退出，三年之后按照原始出资或按照净资产价格退出。

总结： 在做子公司或门店裂变设计时，要在原有子公司先做激励，操盘手出资、出人、出心，享有优先分红权，快速提高利润。在做裂变时，要考虑 M 总经理去开拓新区域或者培养新总经理开拓新区域，实现股权和利益的捆绑，快速实现人才裂变和市场规模的抢占。同时为了解决资金问题，可以进行收益权融资，实现总部保证控制权，释放分红权。

案例：门店（公司）裂变的利器——师徒制

门店（公司）裂变的利器——师徒制，是在公司经营中需要学会使用的，这种店长培养店长，老员工带新员工的师徒制方式正越来越被很多公司接受和认可。师徒制是门店裂变、公司裂变、人才裂变重要的武器。

师徒制在很多餐饮公司被广泛运用。餐饮公司里最早提出师徒制的是海底捞，纷纷效仿的有喜家德水饺358模式，西贝莜面村的赛场制，味千拉面合伙人制、师徒制。

在阿里巴巴的管理中，也有师徒制的模型。阿里有一个核心的组织叫"政委"负责师徒制。"政委"除了负责人力资源工作，更重要的是阿里的文化传承以及激发人心向善的力量和潜能。

为什么要设计和运用"师徒制"？

师徒制不是搞关系，它的核心是传递技能，实现裂变。一个新人到公司后会指定一个师傅带他，有任何问题可以随时找师傅。三个月的新人"保姆计划"是由师傅完成的，管理中是这样的，你把一个新人丢到团队中，只有指定一个人对他负责，新人才更容易融入团队。由于指定了师徒关系，为这个人留在公司起到了重要纽带作用，这在公司管理中看似不重要，但是其实起到关键的价值作用。

培训新员工也是老员工必须尽的义务，员工想要晋升组长、主管、总监就必须要带出相应数量合格的徒弟。这样可以实现人才裂变、门店裂变、公司裂变。

那么，"师徒制"如何落地呢？下面我对此进行分析。

导入师徒制要符合人性，"连住利益"，实现师徒利益高度统一，以师徒收入增长为核心，实现门店或公司裂变、合伙人晋升的目的，激励徒弟、师傅的积极性，实现公司的业绩增长。

（1）收入增长层面。符合考核标准的徒弟，他的工资或奖金里面的10%左右分给师傅，公司或者门店再配比10%奖励师傅，这样师傅会全方位指导徒弟快速上路，快速出业绩。徒弟离职，师傅的待遇自动取消，所以师傅是不会让徒弟走人的。收入增长倒逼服务提升，师傅会调动一切资源更好地支持徒弟，去更好地服务顾客，为顾客创造价值。

（2）门店裂变层面。如果徒弟出去开新店或成立分公司，师傅可以获得第一年10%，第二年5%，以后每年3%的分红权或投资权，师傅如果培养更多店长，还可以成为区域经理或者区域总监，甚至成为合伙人，可以获得更多门店或者分公司的股权，这样师傅就会全力支持徒弟开店。海底捞的张勇说过，无店长不开店，我们有多少店长就可以开多少门店。

（3）合伙人晋升层面。每一名店长要成为区域经理，要培养出3名新店长，要成为区域总监需要培养2名区域经理或5名店长，成为集团合伙人需要培养1名区域总监或者10名店长等。想要晋升必须带人，带出优秀的徒弟，这样公司就有了人才的梯队和替补队员。

总结：师徒制是新型的合伙关系，每一层级都有利益关联，从收入层面、门店裂变层面和合伙人晋升层面实现捆绑。要实现从经营产品到经营人才，从经营人才到经营机制，从经营机制到经营人心的转变，公司才能获得持续长远的发展。

案例：打通投资人投资、管理层入股、门店店长激励的股权方案

一家公司做的是北方的传统服装行业，属于三四线市场的隐形冠军，销售额过亿，员工近400人，由于北方市场基本饱和，现在准备成立新公司、新品牌以运作南方市场，作为未来的战略布局。那么，如何设计一套股权方案，打通前期股权融资，南方公司总部管理层入股，单店店长激励的"任督二脉"呢？

先来分析目标和现状，新品牌未来成立100家门店，才能形成品牌势能，形成规模。近一年成立10~15家门店，每家门店投入大约30万~50万元，大约18个月可以回本，收益率还是比较高的，算是轻资产的模式。新公司老板不想出太多钱，前期自己准备启动资金100万元，找投资人融400万元作为前期运作资金。从原先的团队中抽调一部分核心，组建新品牌的管理层，门店店长招聘4人组建成为门店团队。

现在问题来了，投资人在哪个层面入股？管理层是入公司的股还是入门店的股，比例是多少？对门店的店长如何激励？

下面来看具体设计的股权方案。

1. 公司股权层面

（1）公司投资人在公司层面入股，按照公司估值2 000万元，天使轮投资人出资400万元，占股20%，后期估值可能会提升，先融第一笔资金。老板本人持股60%，成立有限合伙企业作为员工激励的持股平台，也就是预留20%的期权池，不仅要激励现有的管理层，还要吸引未来的合伙人，老板要保证控制权，释放分红权。

（2）投资人的退出机制。3年内退出，回购价格为出资额的30%；3~5年后退出，回购价格为原始出资额与股权比例对应净资产价格两者中的低者；5年以上退出，回购价格为原始出资额与股权比例对应净资产价格两者中的高者。投资人对外转让股权，老板同等条件下有优先购买权。

（3）管理层入股。在公司层面设定 3 年业绩股激励，约定 3 年的业绩考核，达标后可以以内部价格认购公司持股平台股权，这主要是考虑公司前期没有收益，分红比较少。在前期门店层面，管理层以入股金的形式入股门店 20% 左右股权，成为门店的投资人，同时为管辖内的门店业绩和利润负责，管理层门店分红的 30% 预留用于购买公司股权，不足部分自筹，满足管理层的分红收益预期，体现公司的激励性和开放性。

2. 门店股权层面

（1）股权架构。总部公司以品牌、供应链等无形资产和少量现金持股 51%，门店层面的投资人按照原始投入的 2 倍持股 30%，店长及总部管理层持股 19%，这样就解决了总部现金流压力。

（2）利润动态分配。基于门店高盈利能力，第一年对店长做在职分红和超额分红，第二年达标的店长可以入股门店 10% 的股权。在利润分配方案中，预留 20% 的门店发展基金，剩余利润总部提取 40%，投资人分配 30%，店长及管理团队分配 30%，体现激励性。

（3）退出层面。针对门店投资人实行"名为投资，实为借贷"的 3+2 模式。前 3 年分红，后 2 年回购投资人的收益权，每年投资人收益不低于出资额的 6%，不足部分由大股东补齐。前期用投资人的资金快速开店，现金流稳定后，回购投资人的股权，实行整体统一运营，为后期的资本运作做准备。

总结： 新品牌公司的股权顶层设计，实现分层分级，打通公司投资人，公司总部管理层，门店投资人，门店店长投资入股和激励的通道，统一筹划和布局，满足各方需求，借助众人的力量，多方的资源，实现公司新市场长远快速发展。

4

内部合伙人机制设计

内部合伙人机制是为了达到对内建立核心团队，统一利益，统一风险，尊重人才，留住人才，激励人才的目的。要重点注意：持股模式层面，先虚拟股，再转为实股（间接持股）；合伙人的人选层面，参照岗位的重要性，未来的不可替代性，战略的承担性；公司估值与灵活出资层面，强调公司内部的合理估值，目的不是股权融资，而是要激励人，留住人，创造高业绩；持股主体与分配数量层面，合伙人要分层分级实施，明确激励主体，打通合伙人晋升通道，分配数量层面要考虑总量和个量，不患寡而患不均；考核机制与退出机制层面，既要有激励，也要有考核。既要有进入，也要有退出；动态调整与数据核算层面，方案是动态的，面向未来，数据核算要清楚，让合伙人有安全感；文件规范与仪式设计层面，要求方案合理，激励到位，协议规范，增加仪式感，增强归属感。

4.1 合伙人持股模式

了解合伙人制的股权持股模式能让我们少走弯路，选择好合伙人对象，激发起所有人的干劲，实现公司快速发展。

股权的本质是一种所有权，和房产等物权类似，是股东合伙人对一个公司或者组织的所有权，该权利可以让合伙人分担公司的责任，同时又分享公司的收益。股东的权利包括所有权、经营权、处置权、知情权、决策权、分红权、转让权和继承权等。股权是一组权利的集合，包含多种权利。只有了解股权的性质和特点，才能用好股权。

设计合伙人机制或股权激励时，把股权的一部分权利拿出来作为激励，重点是激励，就是股权的表决权和收益权进行分离。创始人保证控制权和所有权，合伙人或被激励对象享有收益权，增加意愿度和动力，未来条件合适时再进行实股的认购。

之前，有个做化工行业的客户，因为没有弄清楚股权、合伙人机制和股权激励的概念，自己设计的合伙人机制方案给技术人员分出去的是实股，还做了工商变更，结果后面遇到了问题。一方面，公司需要贷款，股东不签字而无法通过；另一方面，技术人员的技术没有达到预期，很难再收回股权。

设计合伙人机制的表象是，公司通过内部的组织变革，将股权按照一定的时间周期，一定的考核条件，一定的退出条件，授予合伙人，让员工以股东或合伙人的身份参与公司的经营管理，创造公司业绩，共担风险，共享利益。

但这只是表象的目的，合伙人机制是一种长期的激励制度，还需要有更深层次的理解，隐藏的目的是促成各方关系的转变，最终形成命运共同体。以机制为前提，以股权为载体，实现从授权到分权的转变，实现从经理人到创业者的过渡，实现从为个人事业奋斗到为集体事业奋斗的升级，从利益共同体进化为事业共同体，达成合伙人与创始人对公司未来的共识。

1. 合伙人股权激励的模式

（1）虚拟股激励模式，包括干股激励、超额激励和虚拟股激励等。中小企业用得最多的就是虚拟股激励。连锁门店适合干股激励（以保证金模式出资，享有分红权，一般不承担亏损）；贸易型公司适合超额激励（与被激励对象约定：超过利润目标就分红，低于目标就不分或少分红）；生产型和技术型公司适合虚拟股激励（以净资产作为估值，约定出资，享有分红权和增值权）。

（2）类实股激励模式，包括期权、限制性股权、业绩股份等。互联网公司和研发类公司适合期权激励，期权激励主要是看涨权，以事前约定的价格授予一定股份，在规定的时间达到规定的条件就可以行权。如果低于约定价，可以放弃行权，期权行权后可以进行工商注册，实现持有实股的转变。限制性股权是先授予股权，规定解锁条件，满足条件股权，就可以兑现；不满足条件，股权就收回，在锁定期内不能转让、处置股权等。业绩股份是先有业绩，再有股权，业绩没有达标，就没有股权。这两种模式在上市公司中用得比较多。

（3）实股激励模式，包括直接注册实股和间接持股实股。直接注册实股，一般是针对创始股东，如果实行合伙人制或股权激励，不建议一上来就注册实股，建议采用间接持股的方式，考虑通过持股平台持股，比如，有限责任公司或有限合伙企业来间接持股，以规避股东人数太多，股东进退影响主体公司股权结构的风险，也可以防范自然人股东离婚等问题。

进行合伙人机制的设计，做股权激励要先了解持股模式，实行合伙人机制要先从虚拟股开始，要重点做好虚拟股激励模式设计。

2. 选择虚拟股激励原因

虚拟股相对于注册股，有非常明显的独特优势，不管释放多少股权，虚拟股都不会影响创始人或者原始股东对公司的控制权、决策权和所有权。不改变公司章程，不改变股权结构。虚拟股激励设计，只是股东出让了分红权和收益权。设置虚拟股权，对合伙人或被激励对象不需要进行工商登记变更和注册。虚拟股权操作起来比较简单、灵活，但是又能够起到激励员工的效果。运用虚拟股权还保证了创始人的决策和控制权，财务数据可以选择半公开，保证公司核心财务数据和经营管理数据的安全。经营公司过程中，很多数据是不方便公开的，比如，公司的产品进货价格，采购价格，一些公关费的使用等，采用虚拟股权可以规避这些问题，因为虚拟股东不是真正的股东，经营数据可以部分向他们公开，可以只给他们经营报表，而不是财务报表，来进一步降低风险。

持有激励虚拟股的员工不是真正的股东，原股东只是让渡一部分分红权和增值权，表决权和所有权还是归大股东创始人所有。虚拟股用的最好的公司是华为公司，华为通过虚拟股权的模式，实现公司人员和业绩的快速增长。华为的任正非说过："华为的成功就是分钱分得好，一个人不管如何努力，永远也赶不上时代的步伐。只有组织起数十人、数百人、数千人一同奋斗，你站在这上面，才摸得到时代的脚。我放弃做专家，而是做组织者。我越来越不懂技术，越来越不懂财务，不懂管理，如果不能充分发挥各路英雄的作用，我将一事无成。"

下面，分析下华为投资控股有限公司的股权结构。

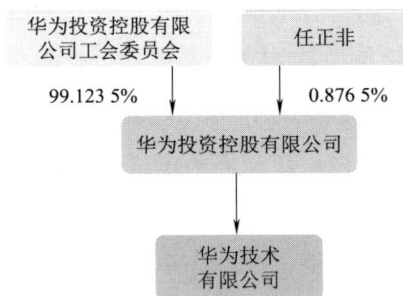

华为公司股权架构

任正非拥有股权 0.876 5%，剩余的 99.123 5% 股权全部被华为投资控股有限公司工会委员会（简称华为工会）持有。

任正非把大部分股权让渡给了奋斗者和合伙人，才最终使华为成为行业第一。公司发展壮大的过程，也是创始人股权不断稀释的过程，但华为的控制权还掌握在任正非手中，因为他享有重大事项的一票否决权。股权分的好，公司才能做大，否则，创始人即使拥有100%的股权，也只是个个体户。

在20世纪90年代，华为公司开始研究员工激励与持股制度，了解到美国大型公司在实行虚拟股的激励制度，效果不错，然后通过国外的咨询公司辅导华为公司落地。

在虚拟股的激励体系中，明确员工作为持股人而没有所有权和表决权。虚拟受限股，是华为投资控股有限公司工会授予员工的一种特殊股票，拥有虚拟股的员工，可以获得一定比例的分红，以及虚拟股对应的公司净资产增值的权益，但没有所谓股东的所有权和表决权，也不能通过转让处置股权。员工离开公司时，股权只能由华为控股工会回购。

华为对虚拟股进行了持续的改进优化，形成了华为公司内部虚拟股权的机制，从最初的实股阶段到虚拟股阶段，再到TUP与虚拟股并存的阶段。经过20多年的实践和推行，截止到2019年，96 000多名华为员工通过华为工会持有了华为公司99%左右的股份，员工投入300多亿元，成为合伙人，成为奋斗者，实现了内部融资，公司走上快速发展之道。

总结：华为实际上是分享虚拟股制度，而不是股份制。华为的虚拟股制度，使公司控制权掌握在任正非手里，员工只是分享利润。

华为的虚拟股制度，很好地起到了融资的作用，员工出资，把心交给公司，实现了持续的业绩增长，突破了股东人数的限制，相当于是一家内部上市公司，实现了股权的流通和增值。

华为虚拟股的实践，充分证明在中国非上市公司中，要实行股权激励合伙人机制，应该先从虚拟股权开始，分钱不分股，分股不分权，掌握控制权。学习华为，就要学习任正非分钱的大格局，要有激发全员奋斗，成就员工的心态。

案例：如何设置股权增发机制，实现从不够分到分不完

一家科技类公司，做了第一期股权激励，总共释放了30%的股权，员工认购积极，公司营收也不错，收益比较高。在做第二期股权激励的时候，很多员工想增加股份，之前没有获得股权的员工，也很想认购股权。但是老板看了一下股权比例，员工已经占股30%，自己只占股70%，如果再释放20%，自己的股权只剩50%了，这该怎么办呢？

如果公司有100%的股权，分每人5%，分给20个人，老板就没有股权了。但股权的增发机制可以打破百分比的限制，从相对比例转为绝对比例。如果原先股权的100%对应100万股，老板持股100万股，每来一人增发5万股，给20个人就是增发100万股，总股本从100万股，变为200万股，老板的占股比例为100万股／200万股，自己还剩50%。其实，华为用的也是增发机制，通过不断扩大总股本，吸引合伙人，调整股权。

增发机制的两个好处：

（1）实现股权的动态调整，股权向业绩贡献者倾斜。每年增发股权，对业绩优秀的人员进行配股，这样的机制，可以实现多劳多得，向奋斗者倾斜。如果合伙人对公司没有贡献，要回购或者收回股权，进一步降低持有者的股权数量和比例。如果合伙人对公司有贡献，还要不断地增发股份，不让奋斗者吃亏。

（2）增发机制，可以吸引人才，做大蛋糕。增发机制可以吸引越来越多的人才加入公司，而且每加入一部分人才，都可以增发一部分股份，这样股份不是从老板口袋里出，而是大家同比例稀释股权，这样人才会越来越多，公司的盘子越做越大，最终老板获得收益也会增加。

回到这个案例，如何来设置增发机制呢？可以按照公司的业绩或净利润情况设置增发的规模，如果净利润增长10%左右，可以设置增发5%的股份给合伙人，比如，原先1 000万股，可以增发50万股

让合伙人来认购。

但问题来了，如何来认购这50万股？首先，能够认购的人员，考核必须合格。设置20万股按照岗位职级系数来认购，30万股按照岗位职级系数乘以考核系数进行认购，每个人的具体认购比例，根据每个人的占比进行分配。谁的贡献大，谁分配的就多。

总结：老板要学会用好股权的增发机制，虚拟股模式的设计，不能只从老板口袋里出股权，要打破百分比的限制，从不够分，到分不完，不断增发，向奋斗者倾斜，实现动态调整，使公司盘子越做越大。

4.2　选择合伙人的方法论

选择合伙人，有一个前提和四个标准。

一个前提是事业共识。强烈认同公司的使命和价值观，有强烈意愿跟随公司一同发展。志合者，合伙也。只有达成一致的事业愿景，才能激发合伙人或激励对象的斗志，才能有更多的有志之士加入公司，共创共享。

四个标准如下：

标准一是面向全员。人人有机会，一部分人已经成了合伙人，一部分已经是预备合伙人了，还有一部分人正走在成为合伙人的道路上，优者有其股，分层分级去激励，分步分期去实施。

一个公司的竞争不再是靠老板一个人来战斗，也不是老板和几个自己的左膀右臂就能打下天下，而是要激发和引导更多的员工，更多的利益相关者去为公司打拼。

标准二是难以取代。行业稀缺、掌握专业技能、培养培训周期长、招聘难度大的人才，比如，一些优秀的研发工程师，优秀的市场运营团队，优秀的技术骨干都是合伙人准激励对象。

之前，我的一位客户准备要引入一位技术人才，他掌握着核心技术，他入职的时候明确说了为什么会从上一家公司离职，就是因为没有给股权，导致工作积极性下降，久而久之就没有了归属感和身份感，最终从公司离职了。这次入职，授予他期股，根据技术成果的兑现程度，来成熟股权，既有分红权，也有未来股权的增值，实现了对其长期绑定。

标准三是难以监督。有一些岗位很难监督，比如，研发岗位和财务岗位，其工作不好量化，但他们的职责对我们公司来说非常重要，这就要给他们分配剩余利润，让他们成为合伙人，成为股东，使他们具有主人翁意识，最终分享剩余利润。

标准四是历史贡献。能成事，既需要感性，也需要理性，要尊重员工的历史贡献，要把功臣、能臣、苗子和有特殊贡献的人安顿好。对于历史功臣，可采用金色降落伞方法，给予一定期限的股权，然后逐步减少；对于核心骨干，因为是挑大梁的，要重点激励；对于苗子，这是公司未来发展的潜力，要匹配公司未来发展的业务布局。

当然，在进行方案设计的时候，建议先从核心层开始，先授予一批人，激励所有人，设定进入条件，比如，首期的进入条件为：公司各部门经理及以上核心管理人员或满足下列条件之一的优秀骨干员工：

（1）在任职期间工作业绩优秀或对公司有特殊贡献，获得过优秀员工奖励的；

（2）掌握公司发展核心技能的人才属于市场稀缺人才，培养周期长，培训投入较多，招聘难度较大的；

（3）在公司工作满5年，上一年度绩效考核合格的；

（4）高度认同公司发展理念，积极践行公司使命和价值观的。

注：特殊关键人才经董事会批准后，可适度放宽工作年限限制。

岗位职级代表承担公司职责的重要性，要承担相应的创业责任，先从第一批核心高管和经理开始授予，可以把公司的核心团队建立起来。

工龄代表的是工作年限、态度和忠诚度，人往往要先有态度，才有能力，经过时间的筛选，才能真金不怕火炼。

价值观层面与公司的价值观要一致，不断践行公司的价值观，与组织保持高度一致，行为统一，思想统一。

激励模式，建议先从虚拟股激励做起，把激励对象选好，人人有机会，优者有其股，分层分级分步去实施，选对股，选好人。

案例：未兑现股权，为公司创造 1 000 万元业绩的高管离职创业成了竞争对手

一家高企认证、政企服务的互联网技术公司，发展很快，业务和体量每年保持50%的增长，未来有上市的计划。但老板比较集权，公司股东就是老板和老板娘，没有释放股权，没有做好分权、分名、分利。说是今年要做股权激励，结果没了下文，公司核心高管因此离职创业了。这位高管能创造近 1 000 万元的业绩，自己也掌握了核心的客户资源。高企认证这个行业，门槛不是很高，而且老板给这位高管的待遇只有年收入 30 万元，显然贡献与回报不对等，这位高管不离职才怪呢？

如果不进行股权上的绑定，不满足高管年收入期望，很容易造成高管离职而自己创业，成为直接的竞争对手。因为他了解你的盈利模式，了解你的客户，了解你的员工。当我们的高管已经创造出业绩时，我们就得匹配给他股权。

那接下来这位老板该如何做呢？建议是建立公司的股权激励或事业部的内部合伙人创业机制，具体可以进行以下操作：

股权激励方面：可以考虑给员工授予期股或业绩股。

期股，按照公司的市场估值 1 亿元，对内只需要 5 折认购，对内估值 5 000 万元，同时员工出资认购公司的股权，按照层级系数、职级系数、工龄系数进行个人分配数量的测算。

出资，首期为出资额的 40%，剩余 60% 的出资额，分 3 年用分

红回偿，完成出资。降低激励对象的出资压力，同时约定 3 年锁定期后，经公司股东会审核通过的员工，可以在公司持股平台进行工商登记。

业绩股，因为公司中有很多员工创造了比较高的业绩，当员工达到业绩条件后就可以进行解锁，无须出资，相当于用业绩换股份，进一步扩大业绩规模，让员工关注自己业绩，也关注公司业绩。

同时要约定公司层面考核和个人层面考核，公司层面考核是公司股权激励执行的前提，约定公司的销售额指标和净利润指标，必须完成至少 80%，否则，公司股权激励延期，当期不分红。个人层面股权分红与个人的业绩考核挂钩，设计 A、B、C、D 四档考核结果，如果绩效考核得分低于 60 分，当期不分红，连续两年低于 60 分，退还入股金，取消合伙人激励资格。

内部创业合伙制方面：针对有创业想法，有管理能力的人员，可以成立事业部进行内部孵化创业，进行独立核算、自主经营、自负盈亏，增量激励，让其成为创业者。按照出资比例认购事业部的股权，运营团队出资 30%，占股 30%；公司出资 70%，占股 70%。但对于红利，运营团队分配 50%，公司分配 50%。如果出现亏损，在一年的保护期内，运营团队承担 10%，公司承担 90%，降低出资压力，降低承担亏损的比例，提高激励的力度。如果连续两个季度业绩考核不合格，取消事业部合伙人的资格，事业部被接管。如果连续四个季度，完成业绩指标，可以直接出资成立项目子公司，自己成为注册股东，发多少工资，招多少人，自己说了算；公司如何运营，自己来掌控。

总结： 建立合伙人机制，激励团队，解放自己，把股权释放出去，才会换来财富。遇良人先成家，遇贵人先立业，学会释放股权，统一利益，凝聚人心。

4.3 公司估值与灵活出资

公司内部估值要参照公司的净利润、销售额、净资产、注册资本等因素。对内，考虑员工的历史贡献，公司估值不是越高越好，要考虑员工入股的收益率，要让员工感觉到被激励了，这样才能更好地去干事创业。员工入股要出资，但要灵活，可以考虑内部折扣价、分期出资或者分红回填的方式。

4.3.1 合理估值

公司估值一直是在实施合伙人机制股权激励过程中老板比较头疼的问题，现在到底公司值多少钱，老板也是一头雾水。

可以从几个纬度来看估值，初创期公司的估值方式可以参照公司的原始出资或者按原始出资的 2 倍计算。初创型的公司在设置估值时，可以参照创始股东的初始出资，比如，前期出资 200 万元，可以把公司的估值设置为 200 万元，如果想卖得贵一些，可以约定公司的估值是原始出资的 2 倍，也就是资金占 50%，公司的人力、资源、品牌、资源占一半，就是 400 万元的估值。还可以根据公司的注册资本，比如，公司注册资本是 500 万元，便于简单估值，可以将公司估值直接设定为 500 万元。

对于处在成长期的公司，如果公司的利润情况比较好，可以考虑市盈率估值，也就是按利润的倍数估值，对内估值一般是净利润的 3~5 倍。你的公司成长性越高，你的倍数就可以越高。为什么是 3~5 倍，因为这个估值跟激励对象的收益挂钩，如果你想 3 年回本，就是 3 倍的市盈率。如果你想 5 年回本，就是 5 倍的市盈率。这个可以在方案中做测算，设置合理的估值模型和倍数。如果太低了，说明激励成本过高；如果太高，激励对象的出资压力太大，收益率就太低了。但对外部投资人的估值一般是净利润的 5~10 倍，甚至更高，与公司类型和公司业绩的增长率有关。

如果公司是销售型公司，前期的净利润很少，不太适合市盈率估值法，应当采用市销率估值法，也就是按公司销售额的倍数估值。比如，早期的京东，公司年年亏损，没有利润，但是估值很高，投资人就是看中京东的发展潜力，用的估值方法就是市销率估值。市销率估值法在合伙人机制股权激励中一般是销售额的 1~2 倍，在利润分配中也可以通过提取销售额的一定比例作为分红池。我在给一家贸易型公司做股权激励时，因为他的财务不方便公开，我就是按照销售额的 1 倍估值，公司上一年的销售额为 5 000 万元，我给它的估值就是 5 000 万元，公司的分红池也与销售额挂钩，提取销售额的 10% 作为公司分红池，被激励对象根据各自的股权占比进行分配。

当公司进入成熟期或者公司是生产制造类型的公司时，可以考虑按照净资产进行估值，公司资产负债表中有一栏股东的所有者权益，就是净资产价格。以净资产的价格作为估值，让员工入股，对于员工来说也是很合适的，相当于公司没有溢价，让员工感觉占到了便宜。如果想估值高一点，可以按净资产的 2 倍进行估值。

其他的估值方法：

类比法：同行业、同类型、业绩规模差不多的公司，在实行股权激励时的估值可以作为参考，还可以找到几家同行业具有可比性的上市公司或挂牌公司（新三板）进行估值的比较，这可以大体测算出自己公司的估值。

融资估值法：如果公司最近一轮进行过股权融资或增资扩股，就会有一个外部市场上的估值，这个估值对于公司来说是比较公允的。对内激励的估值可以为市场估值的一半，这样激励对象一行权，股权就可以实现增值。小米在进行融资的时候，让员工以投资人的身份也参与了认购，就是采用这种方法，融资和激励双重绑定。

公司估值的背后，是公司价值的体现，从内部和外部市场角度让员工知晓公司的价值，认识到股权的价值，以内部价格授予股权，激励员工获得股权，以创业心态，以合伙思维参与到公司发展中来，实现财富的增长。

4.3.2 灵活出资

实行合伙人股权激励，是否需要员工出资？

答案是需要！在实施过的合伙人股权激励方案中，一般都是需要激励对象出资的。正所谓钱在哪，心在哪，出资才能出力，出资就是最好的投名状。原则上做股权激励，必须让员工出资购买，只有这样，员工才有入股的感觉，才会真心实干的做事业。

因为员工之前是从公司拿薪水，包括工资和奖金，没有分红，现在员工需要把钱交给公司，这是身份的转变，这是境界的提升，格局的放大。成了股东，获得分红，会有什么感受？一定是幸福的，一定是具有股东意识的，这种幸福是奋斗出来的。当然，收益是因出资而获得的。

有的老板没信心，感觉员工能投吗？老板要把公司的发展规划做好，把股权价值塑造起来，给员工信心，前期尽可能让员工出资但不承担亏损，再逐步过渡到共担亏损。

下面给出几种灵活出资的方式，以供大家参考。

第一种是直接出资。以入股金或保证金的形式出资，若是干股激励或虚拟股激励，可以直接出资认购股权，以激励对象股权比例对应公司的估值进行出资，还可以给予内部折扣价，比如，7折、5折，甚至还可以是3折，只要算好收益就可以，但是尽量不要买一送一，因为从心里感觉上赠送的不值钱。

第二种是分期出资用分红回填。用分红回填采用的是期股模式，类似于按揭买房，激励对象在完成相应的指标后，授予一定的期股，享有分红权和增值权，期股需要出资购买，购股资金全部到位后可以转化成实股并进行注册。我给一家外贸型公司是这样设计的，激励对象出资50万元，购买公司的期股，由于出资压力比较大，可以首期出资20万元，剩余30万元可以分3年，用分红的一半来出资，3年后如果还没有出资到位，剩余资金需要自筹，这样就减轻了激励对象的出资压力，也达到了激励绑定的目的。

第三种是用业绩换股，就相当于是业绩股。之前我给一家美业公司实施合伙人机制时，很多员工是年轻人，对公司的中医减肥产品很有信心，但是没有资金入股。我采用的模式就是业绩换股的模式，约定 2020 年如果谁的个人业绩能完成 100 万元，就授予这位员工 5 万股的分红股，缴纳保证金 5 万元，分红周期是 2 年，每年绑定业绩考核，实现了员工用业绩换股权，老板用股权换业绩的目的。

第四种是用超额赚到的分红出资。前期员工没赚到分红，一般是不愿意入股的，这个时候可以考虑导入超额激励，先让员工赚到钱，赚到分红，比如，约定存量利润部分，超过存量部分的利润可以多分。假设定的存量利润是 500 万元，超过 500 万元的部分，团队缴纳保证金 10 万元，公司和管理团队五五分；完成了 800 万元的利润，管理团队分配 300 万元的50%，也就是 150 万元，如果一共 5 个人，每人平均分配 30 万元，这样就可以用超额分红赚的钱来购买公司的股权，达到共赢的目的。但应测算好超额的比例和二次分配的方案，防止公司现金流压力过大。

第五种是工资留存法。用未来 24 个月的工资和奖金来出资，比如，我在给北京一家科技公司做期权激励的时候，就是采用工资转期权模式。如果你在公司当月只领取工资的 50%，到年底公司授予你的购股资金为留存工资的 2 倍。假设留存工资为 20 万元，到了年底，你的购股资金就变成了 40 万元，公司 1 ∶ 1 进行配资，只要员工敢于不领取部分工资，公司就敢于进行配资，实现双方的对赌。

算好公司的估值是为了量化公司的价值，让员工明确股权的价值，有信心成为股东或合伙人。员工必须要出资认购股权，同时公司让利于员工。以前是员工从公司拿钱，现在员工给公司投钱，实现关系的转变，放大了自身的格局和境界，改变了相互关系。以前是雇佣关系，现在变成了合伙关系，从利益共同体转变为事业共同体，以前是给老板干，现在是给自己干，动力更足，事业心更强。

4.4 持股主体与分配数量

合伙人在哪个层级决定了持有哪个主体的股权。初级合伙人要在利润单元或门店层级持股，高级合伙人要在项目公司或城市合伙公司层级持股，核心合伙人要在集团公司层面持股，参与公司的重大决策和管理。分配数量方面，强调公司总共释放的股权总量和每个合伙人分配的个量，在个量分配中要关注岗位职级、工龄、绩效和薪酬等情况。

4.4.1 持股主体

持股主体，就是在实施合伙人股权激励的时候，激励对象是在哪个层级进行持股，是在项目公司持股，还是在事业部或门店持股，或是在集团层面持股？

选择激励主体的时候，要根据公司的发展战略和顶层设计目的，选择合适的激励主体。把公司做成平台，把部门门店做成虚拟公司或利润单元，设置集团层面合伙人，主体或项目公司合伙人，部门或经营单元合伙人，建立三级合伙人持股架构，既可以上下持股，也可以项目公司持股，打通持股主体间的人才流动和股权流动，这样股权激励方案才有吸引力和活力。

下面是万科的最新合伙人架构，大家可以参考。

第一层为集团合伙人，由万科副总裁级高管构成，设立了3个牵头合伙人，主要负责3个中心；

第二层为中心合伙人，多是业务部门的负责人；

第三层为执行合伙人，包括了26个总部相应职能板块的业务骨干；

第四层合伙人为总部的普通员工。

万科总部成功实现了架构的扁平化，管理层直接对接三大中心。新成立的三大中心成功打破了原有部门之间的部门壁垒，使得信息共享更为高效，形成了万科董事会主席郁亮、总裁祝九胜和 3 大中心负责人等高管——中心合伙人——26 个执行合伙人的合伙人架构。组织架构变革后，为合伙人的权责进行了重新界定，再无"领导"，只有"合伙人"。

我在给一家酒店集团搭建股权激励合伙人体系时，设计治理合伙人为集团公司的高管核心层，成立 5 人合伙人委员会，负责集团公司的布局，按照合伙人人数来投票，创始人有重大事项的一票否决权，分别持有集团公司的股权，合伙人委员会委员任期 5 年，可连选连任。

事业合伙人为酒店管理公司的高管团队，专门负责门店管理的运营，赋能支持下属门店的发展，持有的是酒店管理公司的股权。

门店合伙人为门店店长和运营经理，负责自己门店的管理运营，提高业绩，降低成本，持有的是门店的股权。如果干得好，可以晋升为事业合伙人。

设置不同的持股主体，可以让合伙人分层分级去持股，便于对合伙人的管理和激励，同时可以把合伙人的权利、责任、利益梳理清楚，让合伙人看到未来的股权价值和希望。以股权为纽带，以合伙人体系为纲领，打造一整套的利益机制与激励和晋升体系，提升动力，先成为小老板项目合伙人，人人给自己干，自动运转，再成为事业合伙人，共创共享共担，收益与风险对等，最后成为治理合伙人，参与决策和战略布局，使创始人摆脱一人决策和管理的风险，以众人之私，成众人之公，实现公司无为而治，基业长青。

4.4.2 数量分配

孔子云："不患寡而患不均，不患贫而患不安。"

分配数量时，我们要关注总量和个量。总量层面，首期授予的股权数量，根据公司规模和发展阶段，要与激励对象的人数相匹配，一般为总股本的 10%~30%，这样可进可退，还可以预留 5%~10% 的股权数量，用于增授或吸引下一批合伙人进来。

个量层面，要考虑公司整体的人才战略，人才的不可替代性。可以考虑按岗配股，具体是按照激励对象的绩效结果、岗位职级、工龄来进行数量测算。绩效结果一定程度上反映了激励对象的价值贡献和未来的价值潜力。岗位职级系数在一定程度上代表了其对公司的重要性，体现其承担的管理职能。工龄系数突出其历史贡献及忠诚度。

以下以工龄、职级、岗位这三个重要纬度为参数，计算激励对象分配的个量。

个人系数＝工龄系数 × 权重 1+ 职级系数 × 权重 2+ 绩效系数 × 权重 3。其中，权重 1+ 权重 2+ 权重 3=100%。

总系数＝所有激励对象的系数之和。

个人获授股权份额＝授予总量 × （个人系数 / 总系数）。

根据以上公式得出的个量分配结果，可以结合其历史贡献、个人表现等实际情况由董事会进行调整。

举例：某公司的股权分配数量模型

股权分配数量模型			
评价因素	工龄	岗位职级	绩效考核
分配权重	10%	50%	40%

工龄系数为：工作满一年工龄系数为 1，每满一年工龄系数增加 0.1，最高为 2。

岗位职级系数

岗位职级	职级系数
总监级	3
经理级	2
员工级	1

绩效考核系数

考核等级	考核得分	考核系数
优秀	90分及以上	3
良好	80（含）~90分	2.5
胜任	70（含）~80分	2
基本胜任	60（含）~70分	1.5
不胜任	60分以下	1

某员工为销售总监，工作满5年，当年的绩效考核为良好，本人对应的分配系数 =1.5×10%+3×50%+2.5×40%=2.65。

激励对象总的分配系数为20，该员工所占的比例 =2.65/20×100%=13.25%。如果分配总数量为100万股，本人分配的股权数量为：100万股 ×13.25%=13.25万股。

在进行股权激励数量分配时，原则上不能依据工龄或历史贡献，因为公司分的是未来的钱，必须是创造出来的钱。股权激励不是股权奖励，不是股份分配，也不是股权投资，不是说你过去干得不错，就给你多配一点股权；过去你创造得少，就少给一点股权。股权激励是着眼未来，是分未来的钱，是分增量的钱，是分市场上的钱，必须以价值贡献和创造为导向，因此，应重点向岗位职级和绩效考核层面倾斜。

案例：如何通过倒推法算出合伙人的分配数量

可以通过两种倒推法，算出股权激励对象的分配数量。

第一种倒推法是根据激励对象收入增长率来倒推股权分配数量。比如，通过实施股权激励，要使他的年收入增长30%，才会产生激励作用，才能达到激励效果。

假设合伙人的年收入是10万元，通过股权激励使其年收入增长30%，也就是增长3万元。通过测算公司的可分配利润，假设是100万元可分配利润的话，激励对象的分配数量是3%，可以先这样简单计算，具体在实操中再根据实际情况测算。

第二种倒推法是通过收入结构，倒推股权分配数量。

假设激励对象的年收入为 x，公司能提供的工资和奖金为 y，激励对象获得年分红为 $(x-y)$，公司的可分配利润为 m，股权激励对象分配比例为 z，等于 $(x-y)$ 除以 m。

比如，某高管作为激励对象，年收入最低目标为 30 万元，基本工资 10 万元，奖金是 10 万元。可以测算出来，他的分红应该是在 10 万元左右。算上工资奖金，分红大约是 1:1:1 的比例原则。假设公司的可分配利润为 200 万元，他的占股比例为 10 万元除以 200 万元，这样就可以计算出这名高管的股权激励数量，是 5%。

另外，还可以通过收入，倒推合伙人激励对象的任务和需要完成的业绩。

比如，公司给某合伙人定了一个 1 000 万元的业绩目标，完成 1 000 万元对应的是 50 万元的年收入。要拿到 50 万元的年收入，这个合伙人就会想办法完成这 1 000 万元的业绩。你可以这样问合伙人，今年想实现多少万元的年收入，50 万元，还是 100 万元？他说 50 万元，那就是 1 000 万元的业绩，这个业绩和收入是他自己想要的，从要我干变成了我要干，实现了公司的业绩目标与合伙人收入的捆绑。如果明年还是完成 1 000 万元，可以给他降收入，对应的年收入是 50 万元乘以 0.9 的系数，变成了 45 万元。如果明年超额完成了 1 500 万元，超额的 500 万元对应给他 30 万元的奖励，这样就变成了 80 万元，实现了公司、老板、合伙人，各层级的共赢。

案例：通过薪酬收入水平来确定股权激励对象的分配数量

公司实施股权激励时，比较苦恼的是如何分配股权激励的数量，要考虑职级系数、岗位系数、工龄系数、考核系数等，这对很多人力资源体系不够健全的公司来说，还是有一定压力的。有没有一种很简单很直接的方式，既能够核算出合伙人股权激励的数量，又能让员工感觉比较公平公正。答案是有的，就是通过薪酬收入情况，确定股权激励对象的股份分配数量。

为什么要着重参照收入水平呢？一般来说，股权激励应该是发放给承担公司战略规划、具有不可替代性、能够有业绩贡献岗位人员的，比如，核心的高管，骨干员工等。

基本工资反映的是岗位职责情况，提成和奖金反映的是做出的业绩情况。一个员工在公司的收入情况基本上能反映他所做出的贡献和所承担的公司职责。员工的收入越高，不是承担的职责越大，就是做出的业绩越高，可以简单直接反映出贡献和价值创造。

具体有两种思路，可以参考。

第一种思路是直接用收入多少来确定股权价值和数量。比如，某个高管年收入20万元。可以授予的股权价值就是20万元。如果股价为1元/股，对应的授予数量为20万股。某个员工年收入10万元，授予的股权价值为10万元，对应的收入为高管的1/2，那么他授予的股权数量就为10万股。

第二种思路是引入分配系数。为了避免薪酬收入情况直接决定股权数量，在分配股权价值和数量的时候，我们可以考虑引入一个分配系数。

授予股权的价值等于年收入×分配系数，比如，总监级分配系数为1，经理级分配系数为0.7，员工级分配系数为0.5。级别越高，分配系数越高。又如，总监年收入为30万元，对应的分配系数为1，授予的股权价值为30万元×1=30万元，若股价1元/股，授予的数量为30万股。部门经理级年收入为15万元，对应的分配系数为0.7，授予的股权价值为15万元×0.7=10.5万元，若股价1元/股，授予的数量为10.5万股。公司的销售冠军，年收入也是30万元，对应的分配系数为0.5，授予的股权价值为30万元×0.5=15万元，若股价1元/股，授予的数量为15万股。虽然我是员工，但是我的业绩好，我的贡献大，我的收入高，所以也可以获得超过经理级的股权授予数量，体现出只要干好自己的本职工作，在股权授予的时候，公司也会对其奖励的。当然，具体的分配数量，由董事会或股权激励小组进行调整。

总结：股权的授予数量与激励对象的收入相关联，与贡献进行动态匹配，量化收入，量化贡献，增加分配系数，增加权重，实现贡献与数量的动态平衡，使激励对象获得更好收入，让合伙人股权激励机制的效果更公平合理。

4.5 考核机制与退出机制

无考核不激励，有激励就要接受公司层面和个人层面的考核，像一辆汽车，光有动力机制还不行，还需要有刹车机制。公司层面考核关注公司的销售额、净利润、回款额等数据。个人层面考核关注个人业绩、部门业绩、人均产值和公司价值观等方面。退出机制要未雨绸缪，提前约定好正常退出、红线退出、特殊退出等情形，约定回购的价格和条件。

4.5.1 考核机制

在股权激励系统中，引入考核制度是非常必要的，一个好的方案需要激励机制，更需要考核机制。激励机制相当于是汽车的油门踏板，考核机制相当于汽车的刹车踏板，可以明确激励对象的考核指标和岗位职责。

股权激励像是一个交易模型，公司以内部价卖给员工股权，员工要以业绩来交换，在这个过程中，公司就要对员工提出要求，这个要求就是公司的考核机制。因为分的不是老板或公司存量的钱，而是分未来的钱，分增量的钱。

考核主要涉及两个层面：公司层面和个人层面。

（1）公司层面。考核指标有：公司的销售额指标、净利润指标、公司的回款额指标、净资产收益率指标等。

公司层面的考核是公司股权激励执行的前提，一般约定公司的销售额指标和净利润指标是必须完成的最低目标值，否则，公司股权激励延期，当期不分红。每一年的具体考核指标由公司董事会或经营团队确定，以每年签署的目标责任书为准。

（2）个人层面。考核指标有：公司或个人的业绩指标、员工培养、新业务开发、新客户开发数量、领导力、团队管理等。

同时，个人层面股权分红与个人的考核挂钩，设计 A、B、C、D 四档，如果低于 60 分，当期不分红；连续两年低于 60 分，退还入股金，取消合伙人激励资格。个人考核指标设定参考个人目标责任书，是公司整体目标的分解。

我在给一家智能型大数据公司做考核时，做了如下约定。

公司考核层面：

下列三项指标的最低完成比例必须都要合格，才能执行公司的股权激励方案。

考核指标	考核目标达成值	最低完成比例	实际完成
营业收入	8 000万元	80%	
回款额	4 000万元	80%	
项目平均利润率	不低于20%	80%	

个人考核层面：

个人考核指标设定参考个人目标责任书，是公司整体目标的分解。激励周期内，激励对象个人分红乘以考核系数，考核系数根据激励对象个人考核成绩确定，考核结果分为4个等级（A级考核系数为1.0，B级考核系数为0.8%，C级考核系数为0.6%，D级考核系数为0）。

考核等级	A级(优秀)	B级（良好）	C级（一般）	D级（差）
考核系数	1.0	0.8	0.6	0

同时每年考核指标是动态的，保持股权激励方案的长期性和延续性，考核周期的长短和指标跟股权激励实现的战略目的相关，在制定和实施招标时，可以做一些区间的调整，防止指标一成不变，同时也要防止过于灵活，让员工失去安全感，找不到方向。

一个完善的合伙人股权激励方案，既要有激励，又要有考核，这样才能上下对标，上下同心，实现公司目标和个人目标的统一。在设置考核指标时，要明确"激励人、留住人"的初心，始终记住"设定怎样的考核指标，决定了高管做出怎样的行为和选择；设计怎样的机制，就会逐渐筛选出具备怎样能力和格局的高管团队"。

4.5.2　退出机制

有进入，就有退出。只有想好如何退出，才能想好如何做好合伙人股权激励。合伙创业要提前设计好退出机制和散伙规则，做股权激励，面向的是全员，员工的流动性比较大，对员工离职或者退股，股权就要收回来，用于激励在职的合伙人。如果激励对象不再胜任岗位职责要求，其股权也应当按照约定收回。因此，提前把退出机制约定好，是十分必要的，事前做的都是设计，事后做的都是算计，没有退出机制的合伙人机制很容易产生股权纠纷。提取约定退出机制对公司和激励对象都是一种保护，对彼此都是一种负责任的体现。

在什么情况下可以退出，离职了如何退出，在职可以退出吗？什么情况下必须强制退出？员工退出时，是按照原价退出，还是溢价退出，或者是折价退出？员工退出的股权，是由公司回购还是可以转让给其他员工？这些问题都是我们需要关注的。

退出需要关注的几个方面。

1. 退出的情形

（1）正常退出

正常退出包括与公司友好协商退出，比如，因个人工作或生活原因需要离职或者是急需资金使用。正常情况下解除劳动合同，激励对象由于劳动合同期满而离职，或者解雇的，或者公司的股权激励已到期，这种情况是可以正常退出的。可以根据激励方案中的窗口期进行集中办理退股。

（2）强制退出情形

强制退出情形主要指因激励对象的故意或恶意行为导致严重后果而引发的退出。下列情况，激励对象要强制退出：

①违反国家法律法规，被追究刑事责任的；

②违反公司管理规定或者违反公司章程，严重损害公司利益的；

③利用所掌握的公司秘密，威胁、要挟公司的行为；

④没有达到规定的考核指标或盈利业绩，或者经公司认定，对公司的亏损、业绩下降负有直接责任的，或者连续两年考核不合格；

⑤将公司的关键数据和机密资料，以及未公布和实施的战略计划、经营计划、技术策略和客户信息等商业机密泄露，尤其是泄露给竞争对手的。

（3）特殊退出

以下特殊情况出现时的退出：

①激励对象因执行公务死亡或被法院宣告为无民事行为能力人，可以考虑退出；

②激励对象因达到国家和公司规定的退休年龄而离职的，如果在公司服务超过 15 年的，可以考虑按照分 5 年每年回购 20% 股权，承认其历史贡献，同时还可以保留一部分股权；

③因不可抗力或突发事件，公司解散或注销而导致股权激励方案无法履行的；

④激励对象因调岗至非激励岗位，需要收回股权的。

（4）资本运作或上市退出

如果公司上市，转化为上市公司股份，按照证券法和上市公司股权激励要求进行退出的。

2. 退出的价格

激励对象退出时，非常关心退出价格，如果不提前对退出价格进行约定，很容易造成扯皮。之前很多公司做股权激励时，由于没有提前约定合理的退出价格，导致了纠纷的产生。

退出价格包括：

（1）平价。平价即保证金模式，按照员工实际出资金额的本金作为退出的价格进行回购，或者加上银行同期存款利息。

（2）折价。如果出现强制退出的情形或者公司有足够证据证明合伙人激励对象损害公司利益而被停职或开除的（如，被刑事处罚、索贿、受贿、贪污、盗窃、侵占公司财产、泄漏公司商业秘密、违反竞业限制、损害公司声誉或利益等），此时，要以低于激励对象原始出资额的价格进行回购，给公司造成损失的，还要承担赔偿责任。

（3）同期内部股价。按照同期内部股价进行转让退出。

同期内部股价可以这样设置：

①留存利润法

根据公司股价与公司未分配利润增长情况设定，计算公式为：当年股价＝上年股价＋上年净利润×（1－分红比例）÷总股本。只要有留存利润，公司的股价就在增长。

②市盈率法

股价＝公司市盈率估值／总股本。股价与公司利润相关，利润增长，股价增长；利润降低，股价也随之降低。之前有个做教育培训的客户，激励方案是自己做的，他的股价不是和利润相关，而是和销售额直接相关。当时他做股权激励时，公司的销售额是 1 000 万元，对应股价是 1 元／股，通过 2 年的激励，效果不错，公司的销售额达到了 3 000 万元，在股本不变的情况下，公司的股价变为了 3 元／股，这个激励效果很好，员工疯狂做业绩，但问题也比较明显，激励太猛，激励成本过高，是严重的短期行为，不关注成本，只关注销售额。因此，制定内部股价要与公司的实际情况吻合，与公司的发展阶段吻合。

③增长率法

这个方法是根据销售额增长率或净利润增长率，确定股价，可以避免单因素的影响。

公司内部股价 = 上年股价 ×（1+ 销售额增长率 ×50%+ 净利润增长率 ×50%）。比如，2020 年年初，公司内部股价为 1 元 / 股，如果公司 2020 年年底的销售额增长率为 30%，净利润增长率为 20%，对应 2021 年初的股价就是 1×（1+0.15+0.1）=1.25。当然，具体的比例可由公司的董事会根据公司的发展战略和布局，进行调整。

（4）其他方法。按照员工退出时公司的净资产价格，计算出激励股权的退出价格。华为的股权激励就是根据净资产价格，确定入股和退股的价格。

如果是互联网公司，融资节奏比较快，可以按照公司上一轮估值或者最近一轮估值的 1/3 或折扣价，作为激励对象的退出价格。

3. 退出的时间

退出时间比较简单，一般会约定在窗口期退出，或锁定期退出，或锁定期后退出。

所谓窗口期，就是公司每年集中办理入股、分红、结算收益的时间，一般在每年的 2 月。

如果在窗口期前退出，一般就不再享有当年的分红。如果公司采用了延期支付的模式，那上年剩余的分红也不再分配。如果在分红窗口期中退出，是可以享有当年的分红收益的。

锁定期一般是指整体的激励周期，目的是增加散伙成本。锁定期退出是平价退出，按照激励对象的原始出资额退出。如果增加了延期支付的约定，在锁定期内退出，原则上剩余延期分红也将自动取消。

锁定期后退出，可以约定按照原始出资加留存分红，或者是按照当期内部股价进行退出。考虑激励对象的历史贡献，通过退出时间的设置，要让激励对象更关注退出成本，越往后，退出价格越高。

4.6　动态调整与数据核算

合伙人机制的设计和方案要面向未来，保留动态调整的空间。要考虑公司的发展战略，人才引进计划，行业特点，股权布局等方面。设置好升降进退的股权调整机制，要既能放得出，也能收得回。数据核算中，要明确利润是如何核算的，哪些数据是公开的，哪些数据是需要调整的。一手激励，一手核算，清清楚楚，建立彼此的信任。

4.6.1　动态调整

事物的发展是动态的，公司的发展是动态的，人员流动也是动态的，只有动态的方案，只有匹配公司发展阶段的方案，才是最好的方案。所以，方案设置也要加入动态调整机制。华为的股权激励方案进行了六次以上的调整，从最早的实股激励，到虚拟股，到饱和配股，到近期的虚拟股和 TUP 计划（时间单位计划），都是在不断调整，不断迭代，不断适应公司的发展和要求。

万科的事业合伙人制度也是从最初的公司事业合伙人制度，到项目跟投合伙制度，再到集团合伙人制度，搭建了多层级、多阶段、多模式的激励制度，保持方案的动态化、灵活化、常态化。

比如，年初授予员工股份后，如果他年度考核良好以上，原先已授予了 10 万股，可以从预留的股权中再额外对他进行配股 3 万股，按照当期的内部股价进行认购，保持激励的动态化。对于表现优秀的员工进行额外配股的，认购权在他本人，可以选择行权，也可以选择不行权。当然，针对某个层级或某个岗位，要遵循饱和配股，不能无限授予，达到一定数量上限后，原则上不再授予。

如果当年的考核不合格，或者出现严重违反公司制度，或损害公司利益的行为时，要强制回购其授予的股权。业绩不合格的，可以选择回购一部分，比如，年初授予 10 万股，年度考核不合格，可以回购 50%，从 10 万股变为 5 万股，按照退出价格进行回购。如果连续两年考核都不合格，可以全部回购，从 10 万股，变为 0，按照退出约定，取消合伙人股权激励对象的资格。回购回来的股权会被放入股权池，用于未来的激励，这样股权就可以进行动态的流动，以实现股权价值的增长。

下面是岗位发生变动时的动态调整。

1. 晋升

在激励周期内，若激励对象职位晋升，发生岗位职级变动的，则参照新岗位的饱和配股要求，进行增授股份，其股份来源于公司预留股份或当年持续增发的股份。

2. 降职

在激励周期内，若激励对象因不胜任岗位的要求，被调任至较低岗位，则参照新岗位的饱和配股标准和要求，回购超标部分的股份。若激励对象被调任至非股权激励岗位，则授予的股份需按照股权激励方案规定，被全部回购，取消股权激励资格。

3. 调动

在激励周期内，若激励对象由原岗位调至其他岗位，则要根据股权激励方案的规定进行调整。比如，从原先的持股主体变为另外的持股主体，可以根据新主体的股权激励方案和岗位配股标准，进行股权的增授或减少，以体现股权激励方案的连贯性、关联性、统一性。

4. 上市

在激励期内，若公司上市或被整体并购，持有股权可转化为上市公司的股份，但根据相关法律规定，上市公司会进行股权激励方案的调整。

股份的持续增发。股权激励要创造增量，不是分存量的钱，不是分老板兜里的钱，而是分未来的钱，分市场上的钱。因此，需要建立股份持续增发的机制。之前也讲过，如果干得不好，要回购；如果干得好，要增发，向创造业绩的激励对象，向能承担创业责任的合伙人持续配股。华为为了不让创造业绩的奋斗者吃亏，为了不让员工躺在股份上睡觉，为了不让拉车的人比坐车的人拿的少，每年都持续增发股份，经过数十年的增发，从最初的仅2万元注册资本，增发到403亿元的股本，任正非的股权比例也降到了不到1%，但是吸引了近10万名的合伙人和奋斗者。2019年华为销售收入达到了8 588亿元，5年复合增长率为21%，5年翻了一倍，全年净利润627亿元，5年复合增长率为14%。

这增长的背后就是持续增发机制，就是股权激励的优势。任正非也说过，华为做得好，就是分钱分得好。

那么，公司应该如何去设计增发机制呢？刚开始做股权激励时，公司的股本是1 000万股，股价1元/股，第一期授予300万股，如果300万股全部授予后，还可以根据公司实际的经营情况和激励对象业绩完成情况，每年对合伙人股权激励对象进行增发。

比如，当年业绩完成120%，某激励对象持股50万股，可以增发100万股给创造出业绩的员工，这样公司的股本就变成了1 100万股，如果本次激励方案员工没有增授，他的授予股份数量不减少，但是他的占比从原先的50/1 000变成了50/1 100，相对占比变少了。如果他表现好，又增授了30万股，从原先的50万股变成了80万股，股份数量增加了，更具有激励性，激励和督促激励对象不断奋斗，不断获得股份，不断获得收益。

案例：股东或合伙人业绩贡献不达标，如何进行股权调整

一家集团化公司，有初始股东3人，股权比例为，大股东占股60%，负责集团全面运营管理；二股东占股30%，负责新业务板块；三股东占股10%，负责原来的业务板块。当时大家是根据出资比例分配的股权，但是经过多年的发展，现在二股东的业绩贡献明显与股权

比例不匹配，影响公司内部的公平性和合理性。这种情况下，如何对股权进行调整？有没有合适的办法？

答案是进行利润和股权的动态调整。

首先，分析导致问题出现的原因：这个问题的出现很大程度上是因为前期根据出资比例分配股权，没有进行预留期权池，没有设置股权动态调整机制，为以后埋下了隐患。

现在，如何进行股权调整呢？可以参考以下几种方案。

方案一，进行利润的动态调整。原先这家公司的利润分配是：预留30%的净利润作为公司发展基金，剩余公司净利润按照股权比例进行分配，在公司初期可以进行这样简单的分配，但随着公司的发展，静态的分配方案已经不适合业务板块的布局。建议净利润这样分配：30%的净利润作为公司发展基金，这个不变；将70%的净利润变为40%的净利润单独设计，这40%的净利润按照各股东创造的业绩占比进行分配，也就是以价值创造为导向，股东创造出了业绩，就应该获得更高的利润分配比例，这相当于是人力的价值创造；剩余30%按照股权比例进行分配，这是原先资本创造的价值。利润高了，公司发展了，大家的股权才有价值，才能分到更多的利润。

方案二，进行股权增发。公司每年针对业绩贡献高的股东或高管进行股权增发，比如，可以设定公司原股本是1 000万股（按照虚拟股份制），根据公司的发展需要针对表现优异的股东或高管进行配股，每年增加100万股，每年股份都在增发，谁做出了贡献，谁每年就可以获授股份，没有做出贡献的股东，每年的股权和分红收益将持续降低，这就会激励原有的股东或合伙人不断创造增量，不断争取获得新增发的股份，保证自己的股权比例不被降低。随着公司的发展，自己股份数量的绝对值不会发生增加或减少，但自己股份数量的相对值在变化，在降低，因为人数增加了。华为也是采用了这种增发模式，任正非的股权比例被增发而稀释到了不到1%，但2019年华为的体量达到了8 588亿元。

方案三，股权动态回购。

先约定，股东如果连续两年不作为或者业绩贡献达标率低于60%，将由公司或指定股东进行回购业绩不达标股东的股权，每两年回购其持有股权的50%，回购的股权进入股权池，用于激励做出业绩的股东或员工。为什么是两年的考核周期，是考虑了行业环境和股东的贡献度，连续两年贡献都低于60%，确实有点交代不过去。另外，回购其股权，也不是全部股权，而是其持有的50%，强调人性化。

还可以直接约定，所有股东先同比例稀释10%的股权，作为股权池，向做出贡献的股东转让股权，增发一部分股权，保持了股权的动态调整。强调以奋斗者为本，以价值贡献为主，利于股东持续创造价值，推动公司持续发展。

总结：提前做好合伙人机制设计，增加动态调整的机制，包括利润分配方案的动态化，股权回购或增发的动态化，以奋斗者为本，以股东价值创造为导向，这样才能让更多的股东或合伙人加入公司，实现利润合理分配，股权配比公平，从而推动公司长治久安，基业长青。

4.6.2 数据核算

数据核算，特别是如何核算利润也是老板很头疼的事情。公开了利润担心会泄密，涉及公司的财务安全；不公开利润，就不清楚公司的实际经营情况，不知道公司的销售额、成本、费用、利润等情况，激励对象的感受就会差。激励对象更看中的是自己能分多少钱，而不是看这个报表是否真实。因此，在做股权激励时，把经营的数据核算清楚，核算明白。一方面，激励对象体验感更强，另一方面，可以通过经营数据的分析，进行战略分解，目标分解，形成共识。老板也可以提高自己的能力，防范风险，规避风险。

对此，有没有比较适合的方法呢？以下几种方法，可供大家参考。

1. 净利润法

老板要学会了解风险，防范风险，化解风险。最好的方式是对内、对外都是一套账，这样财务风险低，激励对象感受也好。如果激励对象不看财务报表，他们对公司信任，对老板都很信任，这样比较好办，到了年底由财务部门出具公司的净利润数据，直接进行分红就可以。有了信任，有了公开透明的财务数据，就降低了沟通成本，大家会把更多的时间和精力放在公司经营上。

2. 类毛利法

如果公司净利润不方便公开，或者有些成本项不适合向激励对象公开，可以采用类毛利法进行利润核算。类毛利是介于毛利和净利润之间的数值。

比如，我在给一家美容院连锁公司设计门店合伙机制时，门店的进货产品成本和仪器成本是不方便公开的，我与老板沟通后，设定利润＝门店销售额－产品成本（设定为销售额的30%）－房租水电费用－工资提成费用－其他费用。

因为门店的销售额、房租水电、工资提成都是可以公开的，员工也都可以知晓。产品或仪器的进价不方便公开的话，直接就设定为销售额的多少比例，员工也是可以认同的。利润核算出来后，可以按照分配比例进行分红。

还可以对公司公关费进行打包处理，比如，有些公司或者老板有业务招待，可以约定年度公关费为销售额的5%，超额部分要提出书面申请，经合伙人委员会特批，对于相关费用进行细化，核算化处理，并给员工解释清楚。

这种方式的好处就是简单直接，员工也容易接受，让员工明确知道可以降低相关费用，以提高相应的收入。

3. 虚拟利润

在公司经营中，如果财务数据达不到相关条件，或者员工本身对于成本或费用不接受，不信任的情况下，可以计算模拟利润，进行折中核算，参照行业利润率或者过去两年公司的平均利润率，直接设置公司的利润为销售额的10%，然而，再根据公司的利润分配方案进行分配。由于在公司层面销售额数据是公开的，员工也都比较认可。

我在给一家进出口食品公司设计合伙人制度时，公司因为固定资产比较大，针对经销商有相关的折扣和返利，不方便向员工公开产品的进价和针对经销商的售价和相关折扣和返利，但员工对于销售额的数据是比较认可的。我就采取了虚拟利润法，将利润计算为销售额的6%，如果公司今年完成5 000万元的销售额，那对应的公司利润就是5 000万元×6%=300万元的利润值，我再根据利润分配方案进行分配。

如果是虚拟的事业部，虚拟的门店，虚拟的供应链事业部等，就可以对公司的收入进行划拨。比如，公司的销售收入是1 000万元，如果事业部的划拨比例是50%，那事业部的收入就是1 000万元×50%=500万元。再核算事业部层面的成本和费用，可以计算出净利润。这样让激励对象一目了然。

4. 其他方法

以上几种方式也可以组合使用，净利润和类毛利两者，取高者；或者虚拟利润与净利润两者，取高者；也可以对激励对象采取保底收入法，如果激励对象的投资收益率比较低的话。比如，我在给一家生产制造公司计算利润时，约定如果激励对象没有达到公司的净利润目标或者公司实际净利润完成太低的话，可以承诺激励对象的年度收益不低于入股金年化8%的收益率，保证激励对象有动力能够完成目标，同时也让激励对象有保底收入，有安全感。从保底到不保底，从不保底逐步过渡到承担公司亏损，实现利益趋同，风险共担，需要逐步落地，逐步推进。

事物发展是动态的，公司的发展、人员也是动态的，激励方案和授予数量也应进行动态调整，持续增发股权，这样才能匹配公司的发展阶段。通过数据的核算，让财务数据，利润核算方式更清晰，被认同，达到激励目的，实现价值的创造和公司的快速发展。

案例：门店合伙人模式——"金豆"计划（附实操）

所谓金豆计划，就是基于酒店行业的特点，让员工根据创造的业绩增长，来分享收益的实施方案。酒店和餐饮行业门槛低，直接涨工资无形中会增加公司成本，但是基于增量的创造来实施激励，会实现员工、公司或门店的共赢。金豆计划分为两部分，一部分是季度业绩对赌分红，另一部分是年度在职加超额增量激励分红。

先看第一部分，季度业绩对赌分红。

（1）选择参与的激励对象：门店全员或者公司全员。

（2）对赌金出资额：最近三个月月平均工资的30%。

（3）门店层面的业绩考核：门店同期净利润指标或者销售额指标同比增长15%以上。考核合格后，才能获得季度业绩对赌分红。

（4）参与业绩对赌的员工，绩效完成率不低于60%。

（5）对赌金额的配比：门店季度指标完成，员工绩效合格，可得对赌金的两倍。

（6）若没有完成相应的指标，对赌金捐为公司的学习娱乐基金。季度业绩分红对赌结束，不参与下期对赌的员工，由门店返还对赌金。

业绩对赌分红的关键点：要测算门店的收益和奖励分红的成本费用，要实现员工收入增长，门店利润增长，门店的成本费用率降低的目的，通过这个机制的导入，门店利润能保持10%以上的增长，员工收入能增长15%，实现员工和门店的共赢，达到了共创业绩，共享收益的效果。

第二部分：门店合伙人的在职加超额增量激励

（1）参与在职加超额增量激励的对象为：门店管理层和核心骨干员工，这和业绩对赌的参与对象是不一样的。

（2）合伙人的入股金：岗位职级管理层入股参照8万元（年收入的40%），主要是一名经理和一名店长，分配系数为2，核心骨干员工入股金额在5万元（年收入的40%），各2名，分配系数为1，总分配系数为6，经理和店长各占1/3，员工各占1/6。

（3）门店合伙人分红池的确定。

两种思路：一种是直接分利润。设定目标利润为100万元，分配10%的分红。超过100万元后，利润超额在0~50万元部分，合伙人分红池分配20%。利润超额在50万~100万元之间的部分，合伙人分红池分配30%。利润超额100万元以上部分，合伙人分红池分配40%。假设年底完成了200万元利润，超额了100万元，分红池在职股分配10万元，合伙人分红池的超额部分：0~50万元之间超额部分为50万元×20%=10万元，50万~100万元之间的部分为50万元，50万元×30%=15万元，合计为：10万元+10万元+15万元=35万元。经理可以获得35万元乘以1/3，大约是11.7万元，员工可以分5.8万元，这个收益率是比较高的。当然，还要在这个分红额的基础上乘以他个人的绩效考核系数和出勤率，绩效考核要达标，出勤率要达标，才能分到全部分红。如果绩效考核不合格，出勤率也低于60%，分红系数就是0，无法获得分红。

在职及超额分红比例规则

利润金额	团队分配比例	门店分配比例
200万元以上部分	40%	60%
150万~200万元部分	30%	70%
100万~150万元部分	20%	80%
100万元以内部分	10%	90%

第二种是如果利润不好核算，可以直接跟销售额挂钩，完成销售目标分红池为10万元；业绩增长100万元，分配20万元；业绩增长200万元及以上，分配30万元。具体个量的分配原则和上述一样，参照每个人的岗位系数乘以绩效考核系数再乘以出勤率，得出最终个人

的分红数额。

如果设计复杂一点，可以考虑加上延期支付，设置锁定期。提前离职，剩余分红自动取消，退还入股金，增加散伙成本，实现激励人，留住人的目的。

门店合伙人在职加超额增量激励的特点：要测算好入股的收益，超额激励的额度，如果利润增不上去了，可以考虑加入调整系数。下一步还可以推行门店裂变复制模型和新门店共同投资机制等，实现门店合伙人与公司的共赢。

金豆计划，一方面和员工实现业绩对赌，分钱分权，实现员工的收入增长，以业绩的增加为目标导向；另一方面打造门店合伙人计划，出钱认购在职股和超额增量分红的权利，让合伙人给门店干的同时也给自己干，后期逐步过渡到门店裂变复制，事业部复制，新门店共同投资等方式，真正实现责权利的统一，打造事业共同体和命运共同体。

4.7 文件规范与仪式设计

设计合伙人机制时，方案文件要规范，要给员工安全感和信心感，同时也要加强股权仪式的设计，增强仪式感和归属感，所有的事都是为了一个目的：发挥合伙人机制的最大作用，实现公司又好又快的发展。

4.7.1 文件规范

成功的公司都有一套好的合伙人方案或股权激励制度，这些方案和制度的背后是规范的合伙人股权激励方案和相关的配套文件，包括合伙人股权方案、股权授予协议、合伙人对象股东名册和股权证书等。

华为的奋斗者计划、华为基本法，万科的集团内部创业管理办法和万科事业合伙人纲领，阿里巴巴的湖畔合伙人制度，爱尔眼科的合伙人计划等，都是通过方案和配套文件来落实的，让激励对象和合伙人安心、放心。

因此，在制定股权激励方案的时候，要做到简单、公平、规范。

1. 简单

方案文件要简单，不要搬弄大量专业术语。员工本身对于股权了解就少，不能搞得太复杂。我之前的一个客户是某制造业的老板，很多员工都是专科毕业，甚至是初高中毕业，本身文化程度不高，方案要对员工进行细致讲解，针对股权授予协议，明确员工的责权利，给员工算清楚收益，讲明白投入，确定好考核，制定好退出机制，简单而有效。员工也容易接受，公司也能够达到激励、发展的目的。

2. 公平

方案制度一定要统一标准，制定公平的进入条件、考核条件、分红条件和退出条件，让员工有安全感和归属感。有的公司在选择激励对象时，由老板拍脑袋决定，不考虑岗位职级，不考虑工龄，不考虑业绩绩效情况，这都是不合理的。有的老板年初定的分红比例是50%，当年效益不错，后来就想少分红或不分红，这容易引起员工的不满，不利于坚定军心，统一目标。还有的老板针对退出的员工，总不想直接把出资款退还员工，担心员工退出后会成为竞争对手，又不想给竞业限制的补偿金，这样很容易产生股权纠纷，也容易让后来的员工产生消极的入股心态，不利于合伙人机制的持续推进。因此，建立公平规范的制度文化和管理文化，让员工信任公司，追随老板，信任制度，信任规则，形成共赢的规则文化和制度文化。

3. 规范

制定的方案和配套文件，要符合公司法、民法典、劳动法、公司内部管理制度的要求。入股自由，按岗配股，饱和配股，自愿认购，退股自由，认同合伙人的权利义务，认同考核指标。让员工明确所享有股东权利和义务，是享有分红权还是增值权，是否有未分配利润的索取权，是否有表决权，是否有财务知情权，所授予的股权是否能对外转让，是否能够继承等，这些都要提前约定。如果不进行提前约定，后续很容易产生问题，比如，有的员工提出老板今年的推广费用太高，导致公司的利润降低，分红降低，员工很有意见。这就是因为没有提前进行规范的约定，约定员工有年度预算的提案权，但没有年度预算的决定权，决定权原则上在实股股东手里，员工对财务数据有知情权，费用过高可以在年度预算中提出，但不能干预公司正常的经营。

方案中还要明确约定方案和文件的保密义务（包括合伙人股权激励方案和配套文件的保密，也包括与公司经营过程中涉及公司的技术信息，如包括不限于技术方案、技术报告等）、财务信息（包括不限于销售收入、净利润、净资产等）、经营信息（包括不限于经营计划、市场分析、产品定价等）。明确约定竞业限制义务（本人和亲属不得到与公司有竞争关系的用人单位任职，或者自己参与、经营、投资与公司有竞争关系的公司）、禁止劝诱义务（不会劝诱、聘用在股权激励实施之日及以后受聘于公司的员工），还要约定勤勉义务，成为合伙人，成为激励对象后就应以股东的身份要求自己，完成公司的经营目标和个人的考核目标，同时还要约定负有监督检查的义务，监督员工有无违反公司管理规定，有无挪用公款、职务侵占等行为。比如，永辉超市在推行合伙人制度之前，员工拿回扣现象特别严重，实施合伙人制度后，大家形成了相互监督的氛围，拿回扣现象逐渐减少。这就是制度和机制的威力，有了好的机制和制度就形成了良好的氛围，大家相互监督，相互鼓劲，相互协作，共同进步，共享收益。

4.7.2 仪式彰显

股权激励的仪式，包括启动仪式、沟通仪式、授予仪式、分红仪式、会议仪式等。为什么要注重仪式，因为有形式，才有内容，形式即内容，荣耀的时刻，一定需要仪式来彰显。合伙人计划是公司的大事，是激励对象的幸事，是老板的好事，如此重要的时刻，需要仪式感，需要真情实感。合伙人机制的实施就像结婚需要举行婚礼仪式一样，像法国童话《小王子》里说的一样，仪式感就是使某一天与其他日子不同，使某一个时刻与其他时刻不同。仪式感赋予了特殊的时刻独有的精神内涵，相信合伙人机制的实施仪式对做股权激励而言，庄重而有意义，它可以让激励员工凝心聚力。仪式感是一种很重要的非物质激励方式，运用得好，会发挥巨大的激励作用。

1. 宣誓仪式

小米的合伙人宣誓词：成为小米合伙人，我将践行小米使命，捍卫小米价值观，始终保持创业心态，恪尽职守，积极工作，勇于担当，以实现公司愿景为己任。珍惜公司声誉，绝不辜负用户和股东的信任，为实现小米的梦想而努力奋斗！

合伙人的誓词也是创始人的梦想，是公司愿景、使命和价值观的体现，小米的宣誓词体现了小米永远坚持做"感动人心、价格厚道"好产品，让全球每个人享受科技带来的美好生活的使命。

宣誓标志着小米重启创业模式，搭建起了九人的合伙人委员会，既有五位在任的联合创始人，又有四位新增的合伙人。让合伙人更具有创业感和使命感。

2. 启动仪式

最好找第三方做咨询顾问，进场召开合伙人机制的启动培训会，讲授股权激励相关的知识，同时可以给本次股权激励起个名称，类似华为的奋斗者计划，万科的事业合伙人，碧桂园的同心共享计划，阿里巴巴的湖畔合伙人制度等。通过口号，自觉激发激励对象的使命感和荣誉感，达成契约。创始人可以讲公司的发展规划，做股权激励的目的，让员工对股权激励有个初步的认识，明确公司未来的发展方向，把一个人的事业变成一群人的事业，把公司打造成平台，每个员工都是合伙人，自己也是公司的一分子，肩负公司使命，践行公司的价值观，让自己感觉到被重视、被激励和被需要，达到形式激励的最大化。

3. 沟通仪式

成立专门的项目组为员工提供股权激励咨询，做好时间推进表，明确工作目的，确定方案框架，增强沟通的专业性和仪式感。一对一调研合伙人激励对象对公司的看法，对创始人的看法，对股权激励的看法，告知股权激励对象关于出资、权利、义务、退出机制等内容。一对一沟通股权激励方案涉及的内容，股权授予协议确定的条款，按照流程逐步推进，让激励对象清清楚楚，明明白白，放心安心。

4. 授予仪式

在股权激励时，要举行授予仪式或者合伙人机制实施大会，一般选在公司重要的日子，比如，季度会或年会。邀请第三方顾问发言祝贺，创始人发言，重点对股权激励进行展望，鼓励股权激励对象创业，并提出具体的要求。创始人（董事长）和激励对象签署股权授予协议，颁发股权证书，赠送鲜花，庄重和荣耀的仪式是对股权激励最好的重视。同时，激励对象也要发言，讲讲自己的工作展望，自己对股权激励的看法，自己被授予股权的感受，还可以由激励对象进行股东宣誓，明确作为股东的职责，确定自己的股东身份，提升归属感、使命感和责任感。全体合伙人可以制定公司合伙人宣誓词，庄严宣誓，隆重正式，达到内容和形式的双重彰显。

5. 分红仪式

每年年底要举行股东分红大会，对表现优秀的合伙人和股东进行红利分配，颁发现金分红奖励，让分红具有仪式感。让激励对象发表讲话，总结不足，展望未来，让激励对象感到被激励，被尊重，产生荣誉感。树立榜样，让其成为每个员工争相学习的对象，既有物质激励，也有荣誉激励，还有竞争激励。每个员工都要被激励到，形成你追我赶的竞争氛围。虽然股权激励起初由少部分人参与，但是激励的效果要影响所有人。

6. 会议仪式

员工成为股东合伙人后，就是公司的核心骨干，在进行股东管理时，也要体现仪式感。比如，对股东会、民主生活会的管理，要体现流程化和差异化。如果激励对象人数太多，可以选举出股东代表，组建合伙人委员会，共同参与管理和治理公司，让激励对象能够以合伙人的身份，股东的心态参与公司的治理和管理。同时在身份、权利、荣誉体系上向激励对象倾斜，比如，设置股东基金，专门用于激励对象的学习提升，设置年度特别贡献奖，表彰做出贡献的股东。股东退休时，设置荣休仪式，可保留一部分股权，真正让合伙人激励对象认同自己的股东身份，激发自己的内动力，以主人翁精神投入到公司的发展中，不断创造新的高度和成绩。

合伙人誓词模板

我自愿成为××公司的合伙人，感谢自己的努力和公司给予的机会。我承诺遵守公司纪律，履行股东义务，维护公司利益，保守公司秘密，践行公司的价值观，坚持每一天都是创业的第一天，不断进步，不断奋斗，早日为成为国内领军者而奋斗。

总结：规范的方案文件让激励对象更有安全感和归属感，增加了信任力。彰显仪式，让股权激励更具有仪式感和庄严性，既有制度保证，也有仪式彰显，实现股权激励的目的，实现公司的持续发展。

4.8 合伙人机制设计的误区

合伙人机制设计有很多误区，认识误区，可以让我们少走弯路，不踩大坑。下面，通过具体的实操案例，让大家有更直观的感受，如何做好股权激励，如何发挥股权激励的效果。

一阵操作猛如虎，激励效果原地杵，股权激励不是一试就灵，也不会包治百病。很多时候，如果合伙人机制操作不好，会产生很多问题。如果你的激励效果不好，你有可能走进股权激励的误区。

你踩过这些股权激励的误区吗？一上来就做实股激励，进入容易，退出难；股权激励中没有考核和退出机制，拍脑袋，定方案，选人员，让员工躺赚；股权激励数据核算不清楚，是一本糊涂账；把股权激励做成了股权融资，没有实现价值交换，无法实现业绩贡献和激励人、留住人的目的。

针对这些误区，我逐一分析。

4.8.1 一开始就分配实股

做股权激励不是做股权分配，而是通过机制的设计，让员工享有分红权或增值权，再逐步过渡到通过持股平台间接持股或直接持股，从前期的不承担亏损逐步过渡到承担亏损，从原先向公司领钱的打工人逐步过渡到向公司交钱的合伙人。在这个系统中，公司用股权和预期换取员工的业绩和真心，员工用业绩和真心换取公司的股权和价值，双方以共同的努力换未来的股权价值，实现彼此的共赢。因此，实施股权激励建议从虚拟股开始，可进可退，分步分层分批次地展开，先小步快跑再不断迭代。

4.8.2　没有考核和退出机制

如果激励方案中没有考核机制，股权激励就变成了股权福利，每个员工都成了既得利益者，就没有人为公司操心，干多干少都一个样，没有员工会再去奋斗。

股权激励是公司以内部价或者折扣价卖给员工股权，所以必须在条件上有所限制，要设置考核机制和退出机制。考核机制必须让激励对象明确在授予一部分股权的同时，还要承担一定的考核压力。因为，股权激励的本质是要创造增量，实现股权的增值，需要共同去创造增量。达到公司的考核要求就可以执行股权激励方案，达到考核条件就可以参与分红。

同时，对于合伙人权利要进行限定，一般情况下所授予的股权，对内和对外不能转让和继承，不享有公司未分配利润的索取权，严格按照公司的股权激励方案进行约定和限制，并且激励对象都要签字确认，防止以后产生纠纷。

退出机制的约定要提前约定退出的情形、回购的价格、回购的方式，并且要与激励对象沟通好。

之前，一家教育培训的公司，要开展内部校区合伙人计划，与合伙人签署了合伙人协议，但是约定合伙人需要缴纳30万元的合伙金，前期不需要出资，后续出资即可，结果就这样合伙了5年，合伙金一直没出。今年教育行业出现变动，经济效益不好，合伙人要离职出去创业，老板就不乐意了，要求合伙人缴纳30万元的合伙金，合伙人就不同意了。因为当时签署协议的时候，合伙人并没有细看，认为合伙金不是必须要交的，不再合伙如何退，也都没有约定清楚，直接就签了。协议签完后，两份协议都被老板拿走了，现在迫于无奈，老板只能起诉合伙人。从股权激励的效果来看，一旦涉及诉讼，合伙人机制就不是成功的，为以后的股权激励留下了很大的隐患。其实，设计合理的退出机制，对双方都是保护，避免了双方扯皮和股权纠纷。

4.8.3　数据核算不清不楚

实施合伙人机制，一是要激励到位，一是要核算到位，这样才能支撑激励方案的准确实施，不能拍脑袋决定，不能凭感觉判断。在分配合伙人股权数量时，要计算激励对象的分配数量，要根据公司战略发展定总量，根据具体的岗位职责、层级、绩效、工龄来分配个量，让员工清清楚楚。在进行收益测算时，要告知公司的分配利润比例，公司分红计算方式，在完成公司业绩目标和个人考核目标时，自己的预期分红金额是多少，自己的投资收益率是多少，都要测算清楚。在计算股价时，要有股价的计算公式，明确内部股价的增长公式，准确地计算出合伙人的增值收益。在核算利润时，要告知我们的激励对象利润的核算公式，是净利润，还是类毛利，还是虚拟利润，财务问题由谁负责解释和答疑，都要明确。只有算的清楚，才能干的清楚。

4.8.4　做成了向合伙人融资

很多老板在进行合伙人机制设计时，进入一个大的误区，就是把股权激励做成了股权融资。不是向员工进行融资，而是针对员工做激励，通过激励推动公司业绩的增长，实现股权价值的增长。股权激励是以内部价格授予激励对象股权，通过特定的考核、约束、退出条件，实现激励的目的。对激励对象，要提条件，达成目标，追求人力资本价值。股权融资是以市场价向投资人增发股份，通过约定估值、回购、退出条件，达成吸引资金的目的。投资人对公司要提条件，签署业绩对赌或优先回购等条款和协议，约定溢价退出和上市退出，追求投资回报率和股权增值。

合伙人机制的重点在激励，关键在考核，以低于市场价的成本释放股权，让更多的人获得股权，激发自身的动力和意愿，追求劳动收益和资本收益的平衡，追求公司业绩的突破式增长。股权融资的重点在融资，关键在对赌和回购条件，以市场价，甚至是高估值的方式引进投资人，获得股权溢价。因此，投资人考虑的是如何保证投资收益，如何保证退出，如何实现投资增值。

针对内部员工，要实施合伙人机制，放大人的价值，降低出资的压力，削弱资金的投入，以人力资本价值为导向。人是最大的变量，也是最大的力量，把股权激励做好了，才可能引进更多的股权融资，吸引更多的投资人，把公司从赚钱的公司变成值钱的公司。

案例：汽车集团公司的三级合伙人体系搭建

一家汽车销售贸易公司，已经发展了近10年，营收近8亿元，员工人数500人。现在，公司也出现了问题，员工动力不足，工作积极性不高，守着自己的"一亩三分"地不愿意拓展，没有适合的晋升通道。现在想搭建股权激励的合伙人体系，我建议分层分级去搭建，把集团分为三层合伙人体系：事业部层面，做独立核算自主经营，强调每个员工给自己干；在子品牌层面，成立独立的子公司，员工真金白银的投入进来，利益共享，风险共担；在集团公司层面，核心管理层获得期股，享有分红权和增值权，将来条件达标后，可进入集团持股平台进行持股。

同时，搭建起公司的治理结构，股东会、董事会、监事会、管理层，各司其职，防范风险，并确定议事规则和表决机制，防止治理僵局，共同推进公司的持续发展。

1. 事业部层面，自主经营单元

（1）形成贸易公司的事业部独立核算，自主经营，自负盈亏的内部创业模式，把员工发展成合伙人，从原先的打工人模式转变为合伙人模式，让员工主动地去关注收入，去关注成本费用，实现利润的增长。

（2）合伙人按照出资总额进行出资，一般事业部合伙人出资有两种模式，一种是按照总出资额进行出资，比如，总投资 50 万元，公司出资 35 万元，占比 70%；合伙人出资 15 万元，占比 30%，这是有预算投入的。还有一种是保证金模式，不按照出资比例出资，而是以保证金的形式出资，比如，约定事业部负责人出资 10 万元，占比 20%；事业部的合伙人出资 5 万元，占比 10%。在该集团采用的是第一种出资方式，按照出资总额进行出资，因为前期需要一定的运营资金。一般合伙人人数在 3~10 人。

（3）利润分配。事业部与公司五五分成，假设事业部层面的利润为 200 万元，40% 净利润按照各合伙人业绩贡献占比分配，也就是 80 万元，比如，有的合伙人业绩完成非常好，一个人就完成了事业部一半的业绩，他本人就可以获得 40 万元的分红收益；40% 净利润按照出资占比分配，保证了大家的投资收益；20% 净利润作为事业部发展基金预留，用于之后弥补亏损，团队学习，团建等。同时每年分红的 80% 当年发放，剩余 20% 于第二年发放。

（4）设置保护期。一年过渡期内合伙人不承担亏损，给合伙人一定的保护期，一年后根据出资比例承担亏损，让合伙人有创业的心态。

（5）退出约定。退出后直接取消合伙人权利，当年及剩余分红不再发放，按照约定价格退出，如果有亏损，承担亏损后退出。

（6）在事业部业绩表现优异的合伙人，可以享有项目公司的股权，进行工商注册，完成事业部虚拟股权到项目公司实股的转变。

2.品牌子公司层面，实股加干股模式

（1）为了实现整体的战略布局，实现产业的生态化，搭建子品牌项目公司，新成立二手车公司，由合伙人提出申请，公司审核通过后直接进行子公司的注册，成为集团公司的子公司，进行合伙创业，直接注册，共担风险，共享利益，实现内部的组织变革，让具有创业心态和创业能力的员工，成为子公司的股东。子公司创业团队人数在

3~5人，必须全职出资占股。

（2）合伙人按照出资总额进行出资，但享有双倍的分红权，比如，项目子公司需要总出资100万元，某合伙人出资10万元，股权比例为10%，只要业绩考核合格，分红权就变为20%，激励合伙人快速做出业绩，实现利润倍增的目的。

（3）如果项目子公司出现亏损，合伙人只承担股权比例的一半，让合伙人放心创业，比如，某合伙人出资10万元，占股10%，假设公司出现20万元的亏损，只需要承担5%的亏损，也就是1万元，剩余的亏损由总部来兜底，降低合伙人的创业风险，便于更快孵化项目，实现盈利倍增、亏损减半的创业目的。

（4）如果业绩达不到预期，由其他合伙人接替或总部回购合伙人股权，退出后，直接取消合伙人权利。同时，按照约定价格退出，3年内按照原始出资与净资产价格两者中的低者退出，3年后按照原始出资与净资产价格两者中的高者退出，承认历史贡献。

（5）对未来业绩优秀的合伙人进行股权置换，进入集团公司持股，打通合伙人升降进退通道。

3. 集团公司层面，期股激励模式

集团公司层面针对的是核心高管，通过期股的模式进行激励。合伙人按照集团总部净资产估值1亿元，不考虑溢价，合伙人分期出资，首期出资30%，剩余出资于3年内分红回填，每年分红和考核挂钩，约定集团层面和个人层面考核，业绩不合格的，取消分红，每年分红的50%用于剩余出资。如果3年后出资不够，剩余出资还需要自筹。连续两年业绩考核不合格，取消合伙人资格，退出后直接取消合伙人权利。3年内退出，只返还原始出资；3年后退出，返还原始出资加留存分红，3年后考核合格的由公司董事会审核通过进入总部持股平台进行持股，享有分红权和增值权，成为集团公司的注册股东，参与集团的管理和治理。

总结：通过三级合伙人体系的搭建，实现了总部期股，子公司实股，事业部自主经营的三级合伙人股权激励组合模式，激发各个平台不同类型合伙人发挥最大潜力，分层级分批次实现股权激励体系的建立，构建合伙人共创共享共担共治的发展蓝图，从利益共同体转变为事业和命运共同体。汽车销售集团也实现了销售收入30%的增长，净利润40%的增长，人员稳定，创业骨干不断涌现，集团治理结构不断完善。

案例：二手车公司如何设计资金合伙人、业务合伙人和事业合伙人体系

某地一家最大的汽车修理厂，现在根据公司发展需要，要找到增量市场，进行多元化的布局。这位老板比较看好二手车市场，自己也进行了一年的运营，投入300多万元，投资压力比较大。雇用了10名员工，收入模式是底薪加提成的传统方式，效果一般，员工动力不足。老板想进行雇佣制的改造，变雇佣制为合伙人制，解决资金压力、人员动力和业绩提升的问题。

如何来设计方案呢？我给他设计了三级的合伙人体系，分别是资金合伙人，解决资金的问题；业务合伙人，解决业务拓展的问题；事业合伙人，解决运营管理和业绩裂变增长的问题。

1. 资金合伙人方案设计

因为二手车业务需要垫资，可以用客户的资金来进行收益权融资，关键点是采用固定加浮动的收益模式。约定项目公司的估值是1 000万元，投资人出资50万元，占有项目5%的收益权，无其他权利，同时，如果每年的净利润分红收益低于出资款年化10%收益时，由大股东补足，不承担公司的亏损。3年之内不允许退出，否则，一元回购；3年后可以转让退出或选择继续持有，选择退出的，大股东有权优先按照原始出资额进行回购；满足投资人的需求，如果需要对外转让，须经过大股东的同意。同时，如果投资人介绍客户购买车辆，可以享

有车辆毛利20%作为奖励,招募10名资金合伙人,既融资,也融资源。

2. 业务合伙人方案设计

原先的雇佣关系变为合伙合作关系,不用签订劳动合同,不用交社保,降低公司的用工风险,但是业务合伙人的收入要实现增长。

关键点是:保证金加增量激励模式。设定成为业务合伙人,需要先缴纳合伙人保证金1万元,可以享有合伙人权益。

合伙人权益:每月享有合伙人津贴1 000元,合伙人佣金为:当月第一辆车销售佣金为本车毛利的50%,第二辆车销售佣金为本车毛利的60%,第三辆车及以上销售佣金为本车毛利的70%,销售车辆越多,佣金比例越高。招募30名业务合伙人,实现业务合伙人多种地,多产粮,吃着碗里的,想着锅里的,惦记田里的。连续2年业绩排名前三的合伙人,有机会成为事业合伙人。

3. 事业合伙人方案设计

实现权利、责任、利益的统一,让具有管理和运营能力的合伙人出资、出力成为事业合伙人,按照公司前期投资300万元作为估值,让事业合伙人认购公司股权,原则上最高10%,最低不低于5%,招募5名事业合伙人,事业合伙人的权益是:

(1)本人拓展业绩和业务合伙人一样,享有增量激励。本人可以拓展自己的销售团队,享有本团队拓展人员10%的销售毛利返佣,建立团队奖励。同时,如果本人培养的徒弟成为事业合伙人,可以享有该事业合伙人5%的销售毛利返佣,建立团队裂变机制,快速招募合伙人,快速裂变合伙人。

(2)享有年底公司分红奖励。年底,公司将拿出净利润的30%,奖励事业合伙人,按照每名事业合伙人团队的毛利贡献占比进行分配,谁创造价值,谁分配价值,激励奋斗者和价值创造者。

(3)事业合伙人连续两年业绩排名前三,有机会成为注册股东,实现身份的转变。

　　总结： 二手车公司事业的发展，业务的扩张，需要解决资金问题，人才问题，业务增长问题，通过搭建三级合伙人体系，让各层级合伙人，各司其职，各享所有，打通晋升通道，满足不同需求，实现事业、资金、人才、老板和公司的共赢，这样公司才能走得又快又远。

5

内部创业合伙人机制设计

　　当公司发展到一定阶段的时候，就要考虑建立内部创业机制，打破内部的平衡，避免人才离职而外出创业，实现公司的第二曲线增长。比如，腾讯的赛马制，携程大事业部内部创业制，海尔的人单合一制，王品的内部创业制等。有些公司做得不错，有些公司做得不好。

5.1 实行内部创业合伙人机制的原因

公司发展到一定阶段就会出现很多问题，比如，内部竞争活力下降，内部优秀人才离职去创业，成为公司竞争对手等。如果没有与解决问题相适应的内部创业机制，会导致问题越来越严重。内部创业机制就是要对抗公司的熵增定律，打破平衡，建立公司内部创业平台，让人才具备创业心态，让人才有施展才能的平台，有发展的空间，有奋斗的前途，实现内部投资，内部孵化，逐步演化的内部共创机制。

内部创业机制有以下优势。

1.内部创业可以对抗公司的熵增定律

熵增定律，最早在 1865 年由德国物理学家克劳修斯提出，内容是热量从高温物体流向低温物体，这是不可逆的，用来衡量一个系统"内在的混乱程度"。

在一个封闭的系统里，如果没有外力的作用，其混乱程度（熵）会不断增大，从有序转变为无序，进而转变为混沌。

任何一个系统或组织，都要面临熵增定律，包括个体、家庭、公司等。因此，公司要做的就是减少熵，对抗熵的增加，让公司更有活力，更有序。

公司的发展过程是熵增的过程，在创业初期，团队成员都是凝心聚力团结上进的，想着如何为客户创造价值，实现组织能力快速提升，团队成员迅速成长，能量持续增加。但进入成熟期，公司的员工懈怠，部门墙建立，组织臃肿，制度僵化，能量持续降低，公司的熵增明显。如果不进行变革和创新，不采取任何措施，以应对公司的熵增，公司将进入衰退期，将处于混乱状态中，无法适应市场竞争，加速失败。

任正非说过："很多大公司的倒下，并不是被对手击垮的，而是由自身组织和人员的自大、封闭、惰怠等造成的,在时代的风口失去了转向的能力。熵减的过程是痛苦的,前途是光明的。"

因此,公司发展到一定阶段,必须要通过机制的设计,尤其是通过内部创业机制来激活组织的活力。对抗熵增,内部创业就是很好的解决方式。

2. 内部创业可以使公司保持开放性

主动建立公司的内部创业机制,让公司转变为创业平台,员工转变为合伙人,打破部门墙,通过自主经营,组建事业部,设立独立核算单元,实行自负盈亏的内部创业模式,激发员工的创业热情和干劲,实现充分的授权、竞争和淘汰,促进内部流动,让公司保持活力,不断激活人才。前期可以进行工资保底,利润对半,公司投资,员工当小老板。后期逐步转变为风险共担,利益共享。从不承担亏损,到承担小比例亏损,再到同比例承担亏损。

3. 内部创业可以打破公司内部的平衡状态

实行内部创业,让不合格的员工(熵)被淘汰,对业绩不达标的事业部负责人进行替换,实行两年的聘任制,每两年进行行业业绩调整和优化,进一步实现人才流动,团队重组。同时,还可以引进外部的合伙人,实现对内、对外竞争,优者上,平者让,庸者下,竞岗竞标,不断吸引优秀人才。

之前,我服务的一家客户是做职业教育培训的,是当地的龙头企业,发展已有10多年的历史,有10多家校区。现在也出现了内部僵局,很多校区的校长,守着自己的一亩三分地,不愿意外拓,无法提升校区业绩和利润。我建议的调整就是打破平衡状态,每家校区实行独立核算和竞岗竞标,不能因为你是这个校区的校长,你就可以一直在校长这个位置上,要打破平衡状态,校长每年要定目标,每年流动上岗,谁给这个校区定的目标高,谁担任这个校区的校长。同时,也要评估好自己的能力,需要与机构对赌,如果达不到目标,要缴纳对赌金,不足的部分,需要承担一定比例。这样就打破了原先的平衡,让优秀的人才脱颖而出,不优秀的员工被淘汰。只有打破平衡状态,才能使内部组织更强大,更开放。

4. 内部创业可以布局新区域，开拓新市场

当公司整体发展成熟后，公司获得了充分盈利，占有了一定的市场份额，为公司整体战略布局，在财力允许的前提下，要寻找新的增量，开辟新天地。最容易找到的嫡系就是自己公司有冲劲儿、有梦想的核心员工，给其平台和舞台，充分授权和分权，激活团队的活力。因此，公司在开拓新区域，开放新市场的时候，要优先采用内部创业的模式。

5. 内部创业具有激励性，可以留住优秀人才

公司发展到一定程度，一定要解决内部创业问题，要搭建内部创业平台，留住优秀的人才，同时，增强公司核心的竞争力。对于新的市场，新的产品，让优秀的人才大展身手，以留住优秀人才，一旦项目成功会给公司带来巨大的商业回报。比如，芬尼科技的裂变式创业，起因就是一位公司高管离职去创业，做的是与母公司相同的业务，相同的客户，与公司成为竞争对手,这才让创始人下定决心,实施内部创业机制。通过多年的发展，打造出十几家内部公司，公司获得了长远的发展。

5.2　设计内部创业机制

设计内部创业机制，要明确公司的战略布局，找到公司实施内部创业机制的初心；要设置好股权结构，确定总部占股比例，创业团队占股比例；做好分红权设计，让优秀的人才快速做出业绩；完善内部创业的治理机制、议事规则、决策机制；未来实现创业主体的演变，由虚到实，步步递进。

5.2.1　确定公司的战略和布局

明确公司整个战略和布局，尽可能实行与自己公司类型和发展阶段相匹配的内部创业机制，建立好公司文化。我提炼出了"三似一台"内部创业模式，即相似客户群体，相似产品渠道，相似业务流程，实行公司平台化。先从业务端开始做试点，因为业务部门收入核算清晰，员工构成简单，易于自主经营，可以释放员工的活力，提高其参与度，便于内部创业复制，提高内部创业成功率。

5.2.2　股权结构设计

内部创业，公司搭台，骨干唱戏，股权结构参照 51∶30∶19 模式。建议公司占股 51% 左右，出大部分资金，选择的操盘手，即总经理占股 15% 左右，核心团队占股 15% 左右，员工和合伙人可以出小部分资金，剩余 19% 的股权可以让内部员工出资，这样可以形成协作共同体和事业共同体。如果出资有压力，可以分期出资或减少出资，通过分红回偿方式出资。亏损承担层面，前期可以不承担亏损，有一段时间的保护期，逐步过渡到公司承担大比例亏损，合伙人承担小比例亏损，最后过渡到按照股权比例承担亏损。

5.2.3　分红权激励设计

为体现激励性，可以进行同股不同利分红，不按照股权比例进行利润分配。30% 的利润留存作为公司发展基金，20% 的利润给核心团队作为分红股激励，剩余 50% 的利润按照股权比例分红，这样管理团队就能获得接近 50% 的分红激励，给自己干的动力会更足。或者设计事业部优先分红权，事业部达到业绩目标值，按照一定比例优先分红，这样可以快速让合伙人干出业绩。

5.2.4　控制权设计

搭建内部创业平台时，如果母公司没有控制权，内部创业就一定会违背公司的战略，因此，要建立母公司大平台，内部创业小前端。从资金投入来说，前期不要投入太多，随着业务目标的清晰，应逐渐增加人手，但投入依旧可控，公司可以在初期掌握主动权和决策权，保证内部创业的方向和母公司战略的一致性，达到共赢的目的。后期一步步释放决策权，成立董事会，母公司享有半数以上的董事提名权，做股权的动态调整，随着业务的稳定，业绩的提升，后期创业团队可以占大股，逐步释放股权的数量，增加团队的活力。

5.2.5 内部创业组织结构动态演变

在公司开展内部创业时，不要立即注册公司，可以考虑先实行项目小组制或合伙单元制，再实行事业部制，最后才注册子公司。但是都实行独立核算，自主经营，自负盈亏，这样随着业绩和团队的不断壮大，可以一步步晋级为子公司，这就搭建好了内部合伙人可进可退，可升可降的动态管理模式，设立了完整的股权调整机制、晋升机制与退出机制等。

内部创业机制要关注公司的战略定位，匹配适合的部门，先从业务端做试点，做好股权结构设计、分红权激励设计、组织结构动态演变，保证母公司的控制权，人才不是公司的核心竞争力，设计出留住人才、激励人才管理机制的能力才是公司的核心竞争力。

案例：房产中介公司导入内部创业机制后实现团队人数翻倍，业绩高增长

之前，一家房产中介公司，因导入合伙人机制而发生了以下几个变化：门店财务核算更清晰；店长和核心员工积极性更高；销售收入和利润在当年房地产不景气的情况下，实现了双增长，员工人数从30人拓展到了100人。我今天也分享一下该公司的合伙人机制框架内容。

第一步，公司股权架构的梳理。

（1）总部层面。首先，要把合伙人机制上升到战略高度，未来的趋势是合伙人制，每个员工都要给自己干。明确把公司做成平台，合伙人做大业绩，总部给门店赋能，提供品牌、文化、培训和系统支持。

（2）门店合伙人组建层面。搭建门店经营核心班底，一般是店长加9名核心骨干员工，每人都参与分红，激发一线业务员工的动力，打造利益共同体和事业共同体，分名分权分利。

（3）门店股权架构层面。总部占股51%，店长和员工占股49%，解决了人才和资金的问题。

（4）门店利润分配方面。总部首先提取10%的销售额作为管理费，解决了总部的资金难题，不要小看这10%的销售额，对应的净利润可是30%~40%，这样可以放大总部的作用。分红方面：总部分配净利润的20%，店长分配40%，剩余40%由员工分配。这样的分红实行的是同股不同利的模式，让员工赚得多，分得多，最后总部才能赚得更多。

（5）门店裂变拓展层面。为了激励店长更好培养新店长，一方面，在店长的分红考核方面，加入了新店长培养的考核指标；另一方面，新店长出去开店，老店长可以享有新店的3%投资股和额外赠送的3%分红权，这样激发了老店长培养新人的动力，实现了人才的裂变、门店的裂变。

第二步，公司股权规划。

公司顶层架构：搭建优秀门店店长合伙人持股平台，总部拿出20%的股权，用于激励连续两年业绩排名前3的店长，这些店长有权认购总部的股权，实现先合后分的理念。让优秀的员工持有股权，先在总部持股，后在分部开疆扩土，实现吸引人才的目的，打造共创共享共担的机制。

> 门店层面：为了快速开分部，在原有师徒制的基础上，引进投资方。总部占股 51%，操盘手团队占股 30%，再拿出 19% 股权，向内部员工和外部客户进行融资。一方面，可以解决人才和资金的问题；另一方面，还可以解决客户和转介绍的问题。对内，建强军，对外，占市场。
>
> 第三步，对外开展股权整合。
>
> 未来平台做大做强后可以整合其他门店，实行并购或合营模式，去整合当地的整个行业，用自己的股权实现低成本的扩张，成为当地行业的领军者，抵抗大品牌的竞争。

总结：先做好总部的顶层设计，步步为营，具备平台思维。然后建立机制，再下沉到门店合伙人层面，让员工给自己干，增加动力，上下同心，快速扩张，实现员工、创始人和公司的共赢。

案例：内部创业，先有共识，再有机制，后有动力

> 现在，很多公司都在搭建内部的创业机制或项目孵化机制，这样能够复制项目，复制人才。多品类、多项目公司，连锁公司，连锁门店是很适合的。一方面可以留住人才，筑巢引凤，扩大组织的边界，实现规模的扩大；另一方面，可以释放管理权和经营权，激发合伙人的斗志，实现业绩的爆发式增长。
>
> 但有的公司在推行过程中，也会面临一些问题，需要值得关注和反思。
>
> 有一家装饰公司，建立了内部创业机制，成立了智能家居子公司。现在，子公司已经运营 6 个多月，效果还不错，但也出现了不少的问题。比如，总部的员工感觉子公司的总经理只管自己一摊子的事与总部缺少联系；总部还有两个部门一直处于不温不火，半死不活的

状态，子公司单独做市场推广，不和总部另外两个部门联合做推广；老板过度参与管理，甚至是干预子公司的管理，子公司无实质的管理权。

我给这位老板的建议是：让子弹飞一会儿。

现在公司的内部创业刚刚开始，应该给予子公司总经理一定的权限、空间和时间。要给予合伙人充分信任和充分的授权，支持他的工作。公司想培育新项目，尝试新的机会，因此，要发挥他的主观能动性，鼓励他敢干能干。如果不给他这样的机会，这种优秀的人才下一步可能就会离职或自己去创业。总部不妨以结果数据为导向，通过数据和经营指标来进行管控，具体的管理工作包括把财务权和人事权交给子公司。总部掌握核心的品牌，核心的客户资源就可以，通过半年到一年的数据分析和过渡期观察，如果连续两个季度不达标或者子公司持续亏损，总部再调整人员或者调整子公司的模式。如果数据还可以，可以进一步扩展子公司，让总经理培养新的总经理，实现子公司的裂变。总部搭建平台，合伙人扩大业绩，双方实现共赢。

关于子公司不愿意去协助总部亏损的部门做推广的问题，一方面，可能本身沟通不畅通，亏损的部门牢骚多，员工思想陈旧，无法形成合力，不如各管各的。要想实现突破式的发展，就应该摆脱之前的路径依赖，沿着旧地图找不到新大陆，在原有的土壤和环境下，很难长出新大树。只有独立运营，才能实现突破式发展。另一方面，可能是利益分配的问题。新的子公司去帮助亏损的部门，没有提前谈好分钱的规则，造成没有干活的动力。是总部给费用，还是亏损的部门给佣金，这都要提前商量好。重赏之下必有勇夫，前提是得有重赏，从自身发展的角度来看，新的子公司还是自己先干好，然后再去帮助其他部门，这样才符合当下的处境。

总结：内部创业要先有共识，再有机制，后有动力，这样才能裂变，公司实现发展。老板或者总公司要扶上马，送一程，在过渡期或者磨合期内，要给予更多的支持和放权，打造内部更开放、更协同的氛围，给予新创业团体更多包容性和激励性，这样才能让内部创业机制生根发芽，枝繁叶茂，为公司提供更多的业绩，实现共赢。

6

外部合伙人机制设计

　　内部合伙人机制建立好后，稳定了核心团队。下一步要做的是建立外部合伙人机制，去抢占市场份额，吸引外部人才、资本、资源，推动公司快速发展。建立城市合伙人机制，整合城市合伙人和区域合伙人，实现利益统一和风险统一。建立经销商合伙人机制，从原先的博弈关系变为合伙关系，从原先关注自己的"一亩三分地"到关注共同的事业。建立客户合伙人机制，实现融资融人融资源的目的，绑定客户的资金、客户的购买力和客户的资源，改变关系，改变交易模式，从一次合作变为长期的合伙。建立产业合伙人机制，实现股权布局，进行股权并购，低成本扩张，整合行业上下游产业链，打造事业共同体。

6.1 城市合伙人机制设计——借船出海，一起吃大鱼

公司传统的扩张模式有两种，一个是直营，另一个是加盟。直营的特点是资金风险由总部承担，扩张慢，压力大。加盟的特点是总部管控差，黏性弱，容易对品牌造成伤害。在这种困局中，城市合伙人模式应运而生，城市合伙人机制颠覆了原有的盈利模式，让各方在经营中，各取所需，各用所长，彼此共赢，借船出海，一起吃大鱼，实现公司布局市场，占领市场的目的。

6.1.1 城市合伙人机制设计

1. 分享级城市合伙人

很多零售品牌用得比较多的模式是分享合伙人，即购买公司的产品后，可以成为分享级合伙人，享有参与公司分销的权利。这是"无成本式"的合伙，把交易关系为合伙人关系，该类合伙人不用与公司签署劳动合同，不是雇佣关系，属于非正式编制的人员，并不是公司或平台的员工，是借助并整合公司的产品资源、品牌资源、渠道资源、顾客资源等，让分享级合伙人自己创业，降低创业的风险和压力，把一个消费项目变成投资项目。合伙人不需要支付费用，只需要缴纳一定数量的合伙人信用保证金。合伙人收入以"无底薪＋合伙人佣金"的形式获得，激发合伙人的能动性，便于拓展个人终端市场。对于表现优秀的合伙人，还可以获得晋升，成为更高一级的合伙人。

2. 门店级城市合伙人

对于连锁门店或机构，很适合采用门店级城市合伙人模式。有的品牌城市子公司与门店合伙人合伙联营开店，实行同股不同权的模式，参考模

型城市子公司投资50%，门店合伙人投资50%回本前，先按照股权比例分配利润。回本后，门店合伙人分配60%，城市子公司分配40%，按照50%：50%承担亏损。有的门店合伙人模式还会加上裂变模式，如果老店长裂变出新的门店合伙人，可以获得10%的新门店分红权，激励老店长快速裂变门店合伙人。门店级城市合伙人一般主要负责扩大门店的业绩，招募门店级合伙人。业绩和团队考核合格后，可以晋升为其他层级的城市合伙人。

3. 省市级城市合伙人

省市级城市合伙人，负责拓展在外省或外地的城市，需要搭建城市子公司，负责省市级业绩扩张，市县级合伙人招募。要确定股权架构，明确合伙关系，毫无保留提供公司现有的品牌、模式、系统、经验和资源，并设计合理的股权结构、利润分配、股权置换与资本收益等内容。

之前，我帮一家视力健康公司设计省市级城市合伙人模式。这家公司主营预防近视眼镜，想采用城市合伙人模式快速拓展市场，快速裂变区域，抢占视力健康的万亿市场。主要内容如下：

（1）股权架构与利润分配层面

城市子公司注册资金100万元，总部出资60万元，占股60%，城市合伙人组建5人团队，出资40万元，占股40%。回本前，按照股权比例进行利润分配；回本后，总部利润分配50%，合伙人团队分配50%，这样可以激发城市合伙人的积极性，总部也可以快速回本。

（2）合伙人优先分红权设置层面

给合伙人设置优先分红权，如果业绩连续3年完成考核指标，城市合伙人团队再额外享有10%的分红权。如果子公司出现亏损，总部承担70%，合伙人团队只需要承担30%，降低合伙人的风险。如果拓展出省市级城市合伙人，还可以获得5%的分红权奖励，实现城市合伙人的快速裂变。

（3）股权回购置换层面

如果公司未来有资本运作和上市的规划，公司可以以当年净利润的5倍回购城市合伙人的股权，比如，当年净利润为100万元，合伙人团队占股

40%，回购价格就是5乘以40万元，即200万元，这样城市合伙人可以获得股权的增值。未来还可以把城市合伙人的股权按照估值置换成总部的股权，使其享有未来的资本溢价。

城市合伙人模式可以使原先的买卖关系转变为合伙关系，上下打通，合伙成功。总部搭建平台，合伙人来唱戏，总部一手分钱，一手收钱，收钱收心，未来总部可以实现产品收益，管理费提取，利润分配，资本收益等目的，实现轻资产运作，快速发展。

案例：对外扩张，建立城市合伙人机制的两大模式和三个阶段

一家钢铁贸易公司，是区域里的龙头公司，但是现在很多员工，都是安于现状，无法进一步拓展外围市场。因此，这个老板就打算用城市合伙人的模式进行合伙设计，实现股权裂变。那么，如何建立城市合伙人模式呢？

我给出的方案是：实行城市内部合伙人模式和城市外部裂变合伙人模式。

1. 城市内部合伙人模式，分三步走

（1）事业部阶段。先去外围城市成立项目贸易事业部，合伙人不出资，占股20%，不进行工商注册，自主经营、独立核算、自负盈亏，收入保底2年，不低于过去两年平均的年收入，让合伙人放心踏实，有干劲。如果年底有分红，超过实际年收入，按实际收入结算，多劳多得。

（2）公司制阶段。如果合伙人在当地发展得不错，实现了比较好的销售目标时，比如，业绩超过5 000万元，可以考虑给合伙人进行公司注册，成立当地区域子公司，总部占股51%，提供资源，合伙人及其团队占股30%，剩余19%股权作为期权池预留。通过直接持股或合伙公司持股，按照股权比例进行出资，同比例享有收益，同比例承担亏损。实现利益共享，风险共担。

（3）股权动态调整阶段。当城市子公司实现净利润300万元时，合伙人团队享有优先分红权20%；当实现净利润超过500万元时，进行合伙人的股权调整，释放期权池10%的股权，转让给做出业绩贡献的合伙人，让干活的人拿大头，总部保证控制权就可以了。

同时在集团层面赋能，设立集团的风控中心、管控中心、赋能中心和供应链中心等。战略核心资源放在总部平台，分公司城市合伙人的主要目的就是做大业绩，管理好团队。

2. 城市外部裂变合伙人模式，也分三步走

（1）搭建城市子公司事业部股权架构

事业部层面的股东为：运营团队，集团总部，内部和外部投资人。

事业部估值按照原始出资的2倍，放大集团总部的品牌价值，运营团队占人力股，总部保证控制权。最终的股权比例为：总部占股51%，运营团队占股30%，内外部投资人占股19%。

利润分配：达到业绩标准后，合伙人优先分红20%，放大合伙人的业绩贡献。

（2）事业部的裂变

城市合伙人在外部区域裂变为三个事业部后，可以成为区域总监，可以裂变徒弟，享受收益，第一年10%，第二年5%，第三年后变为3%。如果自己外拓事业部，可以保留原事业部分红权，第一年15%，第二年10%，第三年后都是5%，强调合伙人的历史贡献，鼓励裂变。累计裂变三个事业部后可以考虑注册成立城市子公司，进行工商注册。

（3）省级公司的设立

当城市子公司裂变3个以上子公司且利润达到1 000万元后，可以申请成立省级公司，整合上下游产业链，让合伙人自己成为大股东，实现从区域公司到省级公司的跨越，不断裂变发展。业绩有突出贡献的合伙人，有机会认购总部集团的股权。

总结： 城市合伙人二大模式，内部合伙人模式和外部裂变模式，都需要逐步去验证盈利模式和持股方式，然后建立合伙人的升降进退机制，打通晋升空间。既要给合伙人画大饼，也要和合伙人一起做大饼，这样才能实现共赢。

案例：把核心高管发展为城市合伙人，如何进行股权设计

一位老板经营的是一家贸易销售型公司，根据公司战略布局，需要拓展新区域。现在需要成立城市子公司，进行外部拓展。梳理了公司的内部人员情况后，发现只有一位公司的销售冠军比较符合条件，公司想让这位销售冠军去拓展新市场，但是这位销售冠军不愿意出征新区域。谁都想待在舒适区，去拓展新的区域，要面临新的客户、新的市场和新的环境，这需要适应的过程。而销售冠军每年可以创造公司一半的业绩，每年的收入也不错，能达到年收入 100 万元，这种情况该如何进行股权设计呢？既能让销售冠军放心去拓展市场，又能兼顾原有的业务。

老板的想法是将原有公司的提成从 5% 提高到 10%，然后新公司给销售冠军 30% 的股权，这样是否可行？

我的建议是：不提高原有业务的提成，还是原来的提成比例。如果提高了提成比例，销售冠军的精力必然会放在原来业务上，这与公司的战略存在冲突。解决办法是在新城市公司给予其 30% 的股权，但是分红权为 50%，同时要给予销售冠军不低于去年年收入的保障，保障期为 2 年，如果销售冠军的实际年收入，低于去年的年收入，由总部承诺补足。这样做的好处是，让销售冠军没有后顾之忧，有安全感，可以更好地去开拓外围市场，实现公司的目的。

具体的操作方法是：销售冠军的年收入包括两部分，一部分是原有业务的销售提成收入，另一部分是出资入股成为城市合伙人，获得

股权收益。

根据公司的战略布局，新业务是未来的潜力业务，需要有人去开疆拓土，需要有人去复制模式，因此，销售冠军的精力分配为：第一年要把40%的精力在原有业务上，60%的精力放在新项目上；第二年把30%精力放在原有业务上，70%的精力放在新业务上。这两年的收入是有保障的，保证原先年收入100万元，从第三年起全部的精力要放在新业务上。

原有业务销售收入，提成比例还是5%，保障其基本的收入来源，同时原有业务要培养新的负责人，逐步过渡。

在新公司股权层面，销售冠军前期不需要出资，但可以获得30%的股权，股权出资款在2年之后用分红回填，同时前两年销售冠军的分红权比例是50%，激励提高新公司的销售额和净利润，后续组建区域经营团队，招募合伙人。2年以后，当业务基本稳定时分红权比例调整为30%。如果经营团队创造了超额利润，可以获得优先分红权，以价值创造为导向。

同时，如果当地的模式成熟以后，还可以在其他区域进行模式复制，培养出的新负责人，可以享有新区域2年3%分红权，加5%的投资入股权利，增加合伙创业的黏性，以便快速带出新负责人。

另外，如果自己去开拓新的区域，可以保留原有区域10%的分红权，保留2年，这样可以让开拓者有安全感，更愿意去开辟新区域，新市场。

总结： 让核心骨干员工去开拓新市场，关键是保障核心骨干员工收入不降低，由总部兜底，解决后顾之忧。同时，给予新区域的股权分红权，并进行模式复制，增加收入来源，实现股权绑定。这样才能实现员工收入增长和公司战略目标的共赢。

6.2 经销商合伙人设计——有钱，一起赚

传统的经销模式，大家是经销关系，双方存在博弈。随着原材料涨价，物流费上涨，成本会转嫁给经销商，经销商必然也会想办法降低成本，寻找出路，和总部讨价还价。同时，经销商在很多时候可能无法得到总部的支持和赋能，如果没有产品的支持，渠道的支持，培训的支持，就无法实现长远的发展。因此，从这些经销商的角度出发，做好经销商合伙人模式的设计。一方面，要解决公司扩张的问题，完善渠道，整合经销商，减少博弈，发展成为利益共同体；另一方面，要帮助经销商找到发展方向，解决经营的难题，实现协同发展，规模化发展。其实，很多公司也是这么运作的，比如，格力与经销商成立省级公司，泸州老窖给经销商做股权激励，整合成合伙人等。

6.2.1 经销商合伙人模式设计

实行经销商合伙人模式，应从区域合伙分红模式开始进行试点，使其成为独立核算的利润单元，享有区域合伙人的权益。随后发展为区域公司注册股权模式，设计好股权比例释放分红权，约定好升降进退机制。总部分红模式，对于表现优秀的经销商，要开放总部的分红权，使其享有整个盘子的分红收益，让合伙人可以看到希望。总部注册股权模式，业绩优秀的合伙人可以享有总部的注册股权，共同分享公司未来的股权增值。

1. 区域合伙分红模式

建立经销商合伙人模式，建议先从区域合伙分红模式进行尝试，针对区域里做得比较好的经销商，吸收为合伙人，形成合伙单元，独立核算，以事业部的形式先开展工作，经销商缴纳合伙信用保证金，成为合伙

人。合伙人的主要职责就是扩大区域的业绩，服务好当地的客户，招募合伙人等。

合伙人的权益包括产品内部价优惠，总部供货支持，物流支持，培训支持，品牌宣传支持等。在利润分配层面，可以分配净利润，也可以分配毛利。

2. 区域公司注册股权模式

业绩优秀的区域合伙人，可以申请成立子公司，进行工商注册。股权架构层面，可以按照出资比例分配股权，不考虑品牌溢价，参照合伙人的贡献，公司出大头，合伙人占小头。分红层面，公司占小头，合伙人占大头。承担亏损层面，前期，公司承担高比例的损失，后期，逐步过渡到按照股权比例承担亏损，实现利益共享，风险共担的目的。

如果区域公司的合伙人综合能力表现突出，可以获得公司总部的分红权，打通合伙人的晋升通道。如果业绩表现不好，由优秀的合伙人替换或者由总部负责接管。

3. 总部分红模式

总部针对每年表现优异的合伙人授予分红股，开放认购权。这样做的目的是激发合伙人的干劲和晋升欲望。比如，公司每年增发 100 万股，面向业绩达标的合伙人认购。认购价格按照净利润的 3 倍，每年的分红与考核挂钩。合伙人认购的数量与业绩贡献有关，根据业绩贡献的占比分配数量。比如，某合伙人贡献了一半的业绩，那他最高可以获得 50 万股的分红股，同时，每年的分红与考核挂钩，退出后返还入股金，不享受增值权。如果业绩连续 3 年达标，可以成为总部持股平台合伙人。

4. 总部注册股权模式

针对业绩突出，有资金实力，能够独当一面的合伙人，总部可以向经销商合伙人开放实股，选择按照总部净资产的价格认购公司的股权或者由分红股转为实股。合伙人通过总部的合伙人持股平台进行注册，间接持有公司的股权，享有分红权、增值权、知情权和管理权等。

设置三年锁定期，锁定期内每年的分红与考核挂钩，过了三年锁定期，分红不再与考核挂钩，退出后按照净资产价格退出，享有注册股东的增值权。同时，成立公司的合伙人委员会，持股平台的经销商合伙人享有参与公司治理的权利，参与公司的重大决策。

案例：如何实施经销商合伙人模式，实现绑定和裂变

一家药品销售公司成立于 2010 年，大小经销商有 70 家左右，销售规模在 5 000 万元左右，主要模式是通过全国招募代理商和经销商，忠诚度高的，只销售自己家公司产品的，有 10 多家，销售额每年在 200 万元左右，公司的业绩高低主要取决于经销商的努力程度。

这家公司的经销商合伙人制方案的重点是如何绑定经销商，如何进行股权架构的搭建？如何更好地激励经销商复制并进行裂变？

首先，要做好未来 3 年的规划，可以概括为：渠道拓展年，业绩增长年，资本整合年。树立统一的目标和事业愿景，近期看收益分红，中期看股权增值，长期看资本溢价，与经销商形成金联盟，形成事业共同体。

具体方案如下。

1. 定目的

把经销商发展成为公司的股东，经销商一方面可以销售公司产品获得利润，一方面还可以获得公司的分红收益，未来还可以有股权的溢价，相当于赚了多份钱。公司也可以快速拓展市场，提升品牌价值，带来更多销售收入，还可以解决经销商欠款问题。

2. 定对象

通过经销商大会，未来拓展到 100 家经销商，绑定 15 家核心经销商，30 家优秀经销商，优中选优，发展成为首批合伙人，约定业绩考核标准，达标者进入总部经销商持股平台并获得分红。

3. 定估值

公司估值为 5 000 万元，初始股价每股 1 元，当年股价按照净利

润留存计算。

4.定模式

经销商一次性进货 30 万元,获得 30 万元货物,同时享受一年四折进货价,额外获得 3 万股增发股份,成为公司合伙人。如果经销商能够推荐一名公司合伙人,额外再获得 3 万股股份。

如果进货低于 30 万元,只能以五折进货,并且不能获得公司股份。因此,经销商为了获得更多的收益,就必须多进货,多推荐经销商,这样可以实现裂变,进而推动公司销售收入的增长。

5.定股比

经销商股权比例是经销商持有的股权数量除以公司的股份总数,包括原始股份和增发的股份。之前,股东持有的股份比例会被稀释,但股权的价值会上升。

6.定分红权和约束条件

每年公司总部在利润池里拿出 20% 的利润,分给达到业绩考核的经销商,50% 的利润按照持股比例分配,剩余 30% 的利润留存为公司发展基金。经销商针对公司未来发展有一定建议权和监督权,可对持有的公司股权进行转让,公司有优先购买权,未来公司上市可以进行二级市场套现。

约束条件:不得有损害公司的行为(包括虚假宣传,开展不相关的业务等),不得私自进行股权抵押,不得销售与公司有竞争关系的产品,遵守公司的各项销售政策和制度。

7.定退出机制

经销商股东持有股份 2 年内,不得转让或退出,否则,由公司 1元回购。

持有股份 2 年后,如果还销售公司产品,可以由公司或指定股东按照当期股价每年最高回购 50% 的股权。未来根据公司发展,经销商可以优先购买公司原始股。如果经销商停止进货或违约,由公司 1

元回购全部股份。

8.经销商大会的落地

后期进行合伙人制方案的宣讲，优秀合伙人见证，签署相关协议，召开实施大会。

总结：把经销商发展成合伙人，让经销商既出资，又出力，共享一个品牌，共建一个平台，共用一套管理体系，实现规模化发展，打通产业链，让经销商近期看分红收益，中期看股权增值，未来看股权资本溢价，实现收入的多元化。

案例：整合经销商进行股权合伙，入股老公司还是合伙成立新公司

一位做防水行业的老板，经营的是一家生产型公司，主要的销售模式是找经销商进行销售，但总感觉大家的关系只是合作关系，没有形成利益的统一。自己的经销商，谁给的折扣低，就卖谁家的产品，很轻易就转向别的厂家了。对此，这个老板非常苦恼，正好现在有四个经销商比较看好公司，想入股公司，成为公司的股东，现在这位老板咨询，如何进行持股呢？让经销商直接入股公司吗？还有其他更好的方法吗？方法是有的。我逐一来分析。

是否可以直接持股？其实，直接持股有很多的弊端，不建议直接持股。即使入股到公司，也不能直接持股，而是成立一个合伙公司去间接持有生产公司的股权，这样可以保证创始人的控制权，可以避免直接持股股东签字、股东进退公司而影响公司股权结构等情形，还可以避免自然人股东离婚而进行股权分割等麻烦问题。

而且，这家公司的财务情况不是很完善，相关的生产成本、原材料成本都是保密的。如果经销商入股到公司，这些经销商股东都是要有知情权的，数据需要公开，因此，直接入股到公司，可能不是最优的方案。

我给出的建议是：这位老板和经销商新成立一家销售公司，专门销售生产公司的产品，生产公司以成本价卖给销售公司，销售公司然后再对外进行分销，实现销售公司的利润分红沉淀，规避短期行为，防止市场串货，实现销售公司股东利益的绑定，事业的绑定。

1. 销售公司的股权架构

按照股东出资500万元，生产公司老板和每名经销商各出资100万元，每人占股20%，但是生产公司老板本人要有重大事项的一票否决权，表决权为34%，其他4个股东表决权为16.5%。这样，生产公司老板只要联合其中1个股东就可以过1/2，联合二位股东就超过67%，可以保证控制权，同时也让经销商有了安全感。如果未来有更多的经销商加入公司，销售公司可以成立专门的经销商持股平台，不在销售公司直接持股。

2. 利润分配层面

实现利润动态化分配。预留30%的净利润作为发展基金，40%的净利润按照股权比例分配，30%净利润按照各股东的业绩贡献占比进行分配，公平合理，多劳多得。

3. 退出层面

原则上3年内不允许退出，否则，只退还原始出资的50%，强调一起合伙做事业。3~5年退出，按照原始出资与公司净资产价格两者中的低者退出。5年以后，按照原始出资与公司净资产价格两者中的高者退出，承认股东的历史贡献。

4. 股东晋升

如果未来生产公司开放股权，且经销商股东业绩连续二年排名第一，有权优先认购生产公司的股权，实现长期绑定发展。

总结：对于经销商入股，如果公司财务或信息不想公开，不建议一开始入股到标的公司，而是可以考虑与经销商新成立销售公司，进行股权上的绑定。新公司财务规范，信息透明，便于开展工作，同时，在利润分配方案上进行动态分配，让经销商干出业绩，多劳多得。这样，未来优秀的经销商才有机会认购标的公司的股权，实现长期事业的绑定。

6.3 客户合伙人机制设计——融资、融人、融资源

客户合伙人机制设计，把客户发展成合伙人，锁定客户的购买力，锁定客户背后的资源和资金，从消费合伙人，过渡到投资合伙人，最终成为股东合伙人。分层分级去夯实，锁定客户，绑定客户，实现客户的转介绍，从交易关系转变为合伙关系，让更多的客户为公司操心，打造无边界的团队。

6.3.1 把客户发展成合伙人的原因

面对快速变化的市场和激烈的市场竞争，如何创造客户，如何为客户创造价值，显得尤为重要。应该做的是从传统的产品思维转变为客户思维，产品要与客户匹配，制定出适合客户的合伙人方案，创造客户，绑定客户，锁定客户。从原先把产品卖给 1 000 个客户，转变为卖给一个客户 1 000 次，让客户再转介绍 1 000 个客户再卖 1 000 次。

在公司发展的每个阶段，要考虑如何服务好客户，把自己原有的客户或加盟商、经销商发展成为合伙人或股东，打造无边界的团队，实现出资入股或业绩换股，绑定客户时间，锁定客户消费，变现客户背后的资源和圈子，真正实现公司平台化、员工合伙化、客户股东化。

6.3.2 客户合伙人的模式设计

客户合伙人一般会经历三个阶段，从消费合伙人开始，到投资合伙人，

再到股东合伙人，一步步去夯实客户合伙人的权益，建立客户合伙人的股东文化。股权融资大于债权融资，且风险可控，这样才能取得比较好的效果

1. 消费合伙人

消费合伙人，顾名思义就是把终端的客户发展成为消费型的合伙人。在很多餐饮公司、零售公司、教育培训机构、美容连锁机构、房产中介公司等都在发展消费型合伙人。从原先的买卖关系转变为合伙关系，和客户分享公司发展的红利。

消费合伙人的方式类似于产品权益和收益权收益的结合，内部发行消费股。

方案框架为：

（1）股本与股价设置

设定内部发行 100 股客户消费股，每股 1 万元，分配的分红池为销售额的 3%。

（2）合伙人权益

①稳赚。入股金额的 1.2 倍，比如，入股 10 万元，客户获得 12 万元的消费金，可用于购买产品和服务消费。

②躺赚。获得消费股占股比例 3% 的销售额，收益权仅享有 2 年。假设销售额 1 000 万元，客户出资 10 万元，占有 10 股，他的消费股占比为 10 股 / 100 股，消费股分红等于 10/100×1 000 万元 ×3%=3 万元，这样客户就可以获得 3 万元的分红。

③移动赚。如果客户转介绍客户，可以获得转介绍客户成交额的 5% 作为合伙人佣金奖励。这样可以绑定客户的时间和消费金额，进一步扩大业绩。合伙人的其他权益可以另行定制，比如，生日福利、专属定制产品等。

（3）消费合伙人股权的特点

消费合伙人股权的特点是收到的钱不用退，不改变股权结构，不用担心股东查看报表和财务，操作简单，效果好。

2. 投资合伙人

现在，很多公司和连锁门店采用的都是收益权融资。股权最重要的权

利是表决权和收益权，可以单独把收益权拿出来进行融资，让客户把资金投进来，成为投资合伙人。

（1）收益权融资的方案

①确定收益权的估值和引进的客户资金额。比如，确定收益权估值为1 000万元，稀释10%的收益权，引进100万元的资金。

②确定收益权的最低收益。比如，保底收益为投资额的年化10%，这样相当于是大股东兜底，使投资人可以更放心地把资金投进来。另外，可以给投资人5%投资额的代金券，促进客户的消费和转介绍，这与消费合伙人模式类似。

③收益权退出机制。大股东可以回购客户收益权，以初始投资额的100%回购客户的收益权，可以不承诺回购，仅享有同等条件下的优先回购权，投资人可以对外转让收益权，公司撮合交易。

（2）投资合伙人的特点

不改变股权结构，大股东兜底，承诺保本，最低收益率，吸引客户投资。客户股东有收益权、知情权和监督权，但无其他权利，以保护大股东的控制权，方便合伙人的管理和治理。

3. 股东合伙人

即常见的注册股。一般是在前两步的基础上，双方相互信任，从利益共同体转变为事业共同体。这样，客户股东的权利是完整的，客户股东的股权可以进行工商注册。当然，从股东治理的角度看，建议公司成立合伙人的持股平台，进行间接持股。

（1）股东合伙人的方案

①确定公司的估值和需要的资金。比如，确定公司估值为1 000万元，稀释10%的股权，引进100万元的资金。

②因为是注册股，大家是利益共享，风险共担的，权利上也是完整的。

③在利润分配上，可以让客户优先分红，先回本，这样客户比较容易投资进来。

④退出机制约定。3年锁定期不能退出，3~5年内按照出资额和净资

产价格两者中的低者退出，5 年之后按照出资额和净资产价格两者中的高者退出。

（2）股东合伙人的特点

股权合伙人的特点是，收益共享，风险共担，客户的股权是完整的，绑定性会更强，合伙的感觉会更好。如果公司未来有资本运作或上市的计划，股东合伙人也会更愿意参与，享有股权的资本溢价。

案例：公司（门店）如何向客户融资，解决现金流问题

一个企业家经营的是生产型公司，准备明年做一款健康养生类产品，满足大众对健康的需求。现在，公司资金的压力很大，正在考虑如何引进资金，做好现金流储备。

这个养生项目大约需要资金 500 万元，公司有 2 名原始股东，如何解决这个资金缺口呢？我帮他梳理了下面几个思路。

1. 对内融资

作为公司的新项目，可以由原始股东出资 500 万元，按照之前的股权比例先出资。如果有的股东不出资或少出资，股权比例按照新的出资金额，进行同比例的稀释。

员工内部融资，把这个项目做成独立核算的新项目，对内找到适合的操盘手团队，按照项目投资金额占比出资。公司出资一部分，占大股，可以让操盘手团队出资 100 万元，占股 20%，达到出资、出人、出心的目的，享有收益权、管理权和运营权等。同时，针对运营团队之外的其他员工进行内部收益权融资 100 万元，约定内部员工享有项目的收益权，保本金不承担亏损，这样可以快速把钱融进来，员工无其他权利，便于核算，便于管理。这样既可以解决项目资金问题，也可以让其他员工享有公司发展的红利。

2. 对外融资

针对一部分客户，可以进行消费型融资，比如，可以把产品做预售，

每出资1万元,可以享有1.5万元的产品,可以获得1年10%的收益权;转介绍客户消费的,可以获得转介绍客户金额的5%作为奖励。

针对重点客户或上下游公司,可以进行收益权融资,对项目进行估值,估值1 000万元,可以释放20%的收益权,融资200万元,投资人只享有收益权,不享有其他权利,便于管理。如果想要降低融资难度,可以进行保本全、保收益承诺,大股东来兜底,让投资人放心。做好利润的分配方案,约定可分配利润、投资人的权利、投资人的收益和3年后按照原始出资额进行回购等内容。

还可以按照风险和收益对等原则进行股权融资,确定项目估值,估值1 000万元,稀释20%的股权进行融资,权利与义务对等,既享有收益,也承担亏损。按照退出约定或项目净资产退出,这样降低了经营的风险,避免了回购的纠纷。

总结: 通过以上融资思路的梳理,针对员工、客户、上下游开展融资。一方面,可以解决资金的问题;另一方面,还可以解决市场问题。每一个投资人都是外部的合伙人,帮助销售产品,转介绍客户,实现了融资、融人、融市场的目的,也增加了公司的现金流,帮助公司渡过暂时的难关。

6.4 产业合伙人模式设计——股权并购和行业整合

当公司发展到一定阶段时,要考虑如何用合伙人制去吸引产业合伙人,用股权做布局,实现对整个行业的整合。很多公司快速发展起来并不是做大的,而是并购大的,整合大的。用股权实现整体的产业布局,快速扩充体量和业绩,吸收产业和行业人才,实现资本市场上的股权价值溢价。

6.4.1　产业合伙人模式设计

1. 业务单元合伙模式

针对有行业资源的合伙人，可以以先进行业务单元的合伙模式设计。对行业中处在产业链某环节的合作伙伴，按照本人或本单位所产生的业绩进行独立核算，自主经营。核算好利润单元的收入、成本和费用后，将利润单元的利润进行分配。产业合伙人可以拿大头，公司总部拿小头。

之前，帮一家职业咨询公司设计的产业合伙人方案，是将外部的行业专家、顾问整合为外部合伙人，通过出资的方式认购咨询公司事业部的股权，享有咨询事业部的收益，根据专家、顾问的业绩贡献占比享有分红，快速整合了行业中的 100 名顾问专家团队，实现了事业部的人才快速聚集和市场扩张。

案例：如何通过股权整合外部合作伙伴，实现平台化运作

现在，装饰装修行业竞争激烈，很多小的公司和工作室，以前都是自己干或者是带班干，干得很辛苦，每个老板是身心疲惫，形不成合力。

现在装饰公司、设计工作室和施工公司三方想整合成平台，抱团发展。问题是组建公司，股权如何分配？如何才能收心？如何才能激发大家的积极性？是分别成立各个业务板块的公司，还是成立总部？

我帮这位老板梳理的思路是，各方先成为总部的股东，根据各方的资金、人力、资源贡献分配股权。在总部强调形成合力，凝心聚力，各股东在公司平台上有了股权，就会具有股东意识。

然后，在总部的平台上，分别设立装饰事业部、设计事业部、施工事业部和销售事业部，形成独立核算的单元和利润中心，彼此之间

相互交易，协同关联。

下面为详细的股权方案。

1. 总部层面

（1）总部的股权结构

约定资金股为30%，资源股为30%，人力股为40%，装饰公司、设计工作室和施工公司三方各出资100万元，各占10%的股权。装饰公司作为发起人享有20%的客户资源股，设计工作室享有客户资源股10%，施工公司无客户资源，不享有资源股。人力股层面，装饰公司占股20%，设计工作室占股5%，施工公司占股10%，预留5%的股权用于股权激励。至此，三方的股权比例为：装饰公司占股55%，含代持5%期权池，设计工作室占股25%，施工公司占股20%。装饰公司作为大股东，享有相对的控制权。

（2）利润分配方案

预留30%的净利润作为公司发展基金，提取净利润的30%，按照各股东分管事业部创造的利润值占比进行分配（主要体现事业部为总部创造的价值，多劳多得，少劳少得），剩余40%的净利润，按照各自的股权比例进行分配。

（3）退出机制

考虑项目的成熟度，3年之内不允许退出，否则，其余股东按照1元价格回购退出股东的股权。3年后退出，按照股东的原始出资和股权比例对应净资产价格两者中的高者分两年退出，承认股东的历史贡献。

2. 事业部层面

（1）股权结构

总部公司占股70%，运营团队包括事业部负责人占股30%，如果事业部业绩完成相应指标，运营团队可以获得优先分红权，比例为：完成200万元净利润指标，可以获得15%的优先分红；完成100万元净利润指标，可以获得 10% 优先分红权；完成低于 100 万元净利润指标，无优先分红权。

（2）收入划拨

当公司开拓出业务后，会根据每个事业部在项目上的贡献权重进行第一次收入划拨，划拨给事业部就是事业部的收入，事业部收入减去运营成本和各种费用后就是事业部的净利润，根据达标情况进行分配。

事业部可以为其他事业部介绍客户或者业务，支付业务提成或介绍费，实现内部交易的透明化、公平化，激发各个事业部相互合作。

3.合伙人升降进退约定

如果事业部连续二年业绩指标完成率低于 60%，公司有权取消事业部或调整事业部运营团队成员。如果事业部完成的业绩超过 500 万元，有机会成为总部合伙人。业绩完成超过 2 000 万元，有机会从事业部转为子公司独立运营。

总结：公司的平台化运作，重点是建立公司总部，保证控制权。事业部层面，建立起独立核算的单元和主体，有利于扩大业绩，让公司拿固定，事业部拿剩余。同时平台搭建完整后，进一步引进外部合作伙伴，设计方、施工方、技术方和业务方等，形成合力，实现外部合作伙伴的带枪投靠，做成业务、资源、施工、人才的整合平台。

2. 股权合伙模式

针对某些行业的特点，可以采用股权合伙模式，比如，有很多同行业公司，想抱团发展，整合供应商，降低采购成本，实现业务整合，就需要采用股权合伙模式。股权合伙模式的关键点是设计好合伙公司的股权比例，事业共识，多股东管理，股东议事规则制定，股东退出机制约定等。

案例：整合同行成立平台公司，如何搭建持股架构

一位老板经营的是一家汽配公司，该公司是行业的区域龙头，代理全球知名厂家的产品，年销售近一个亿，但是行业竞争激烈，大打价格战，导致大家的利润率都很薄。因此，需要整合行业，整合区域同行和外地的合作伙伴，进行股权上的合伙，形成深层次的绑定。一方面，整合同行，向上游要政策，解决价格战的问题；另一方面，实现未来的战略布局，整合成大数据平台，吸引投资人，进行资本运作，做大产业和规模。

但是，有20家同行业公司，如何成立平台公司？如何进行股权分配？如何进行持股架构设计？

如何来设计股权方案，我逐一分析。

1. 股东持股层面

建议优先选择股权代持或收益权约定，让这位发起人老板作为显名股东，其他同行作为隐名股东，将权利委托给发起人，先集权再分权，这样可以避免股权分散，解决决策效率低的问题。

如果同行想要注册股怎么办？去成立股东持股平台，将20位股东放入有限合伙持股平台进行持股，发起人作为普通合伙人享有决策权，其他股东作为有限合伙人享有分红权和收益权。

2. 股权分配层面

按照资金股、资源股和人力股分配股权。这个行业是轻资产运作，不需要出资太多，因此，按照资金股占比40%，资源股按照各个公司的业绩占比分配20%，主要考虑之前各家的业绩贡献，人力股占比30%，预留10%的股权池。发起人资金股占比10%，人力股占比14%，资源股占比10%，这样就保证了发起人拥有34%的股权比例，其他股东的分配细则在此不再赘述。

3. 股东治理层面

为了让股东合伙人参与公司的管理决策，成立5人的合伙人委员

会，发起人推荐 3 个股东代表，外地股东推荐 1 个股东代表，当地区域股东推荐 1 个股东代表，对公司股东会负责。同时约定公司的经营决策、预决算方案和利润分配方案等，需要半数以上合伙人委员同意且须包括发起人的同意才能通过，这样既保证了大家的参与，也保证了发起人有重要事项的否决权。如果是重大事项，需要五分之四以上合伙人委员同意通过，强调股东的参与性。

4. 利润分配层面

预留净利润的 30% 作为公司发展基金，剩余净利润的 30% 按照股权比例进行分配，剩余净利润的 70% 按照各股东的业绩贡献占比进行分配，以业绩贡献为导向。因为这个平台的目的是为了做大业绩，整合规模，抢占市场，因此，利润分配方案的导向性很关键，分好蛋糕不是目的，做大蛋糕才是目的。

5. 股东退出层面

违反公司的红线制度，扰乱市场价格，第一次警告，承担销售额 5 倍违约金罚款，第二次承担销售额 20 倍违约金罚款，第三次净身出户，1 元回购其所持有的全部股份。

正常退出。3 年内退出，按照原始出资的 30% 回购；3~5 年内退出，按照原始出资回购；5 年之后退出，按照原始出资与净资产价格两者中的高者回购，承认股东的历史贡献。

总结：整合同行，建立平台公司，持股层面建议优先选择协议持股，再选择持股平台持股，目的是要保证控制权，释放分红权。在股权分配时，按照资金股、资源股和人力股分配股权，同时建立合伙人委员会，让股东参与进来，享有知情权和决策权。利润分配层面，动态分红，以业绩创造为导向。退出层面，增加红线制度和散伙成本，这样才能保证平台公司的成功。

案例：入股股权有问题的公司，如何提前进行股权设计

一家集团看好一家交通工程公司，但是这家交通工程公司经营和股权都有问题，如何来进行股权整合和设计？

交通工程公司有股东4人，分别是技术方（高校教授）占股30%，资源方占股15%，投资人甲出资100万元，占股25%，投资人乙出资200万元，占股30%。现在公司经营出现问题，技术方没有运营能力，光有核心技术，无法实现技术变现；资源方承诺的对接资源也迟迟不到位，还一直花费投资人的资金；投资人看不到公司的发展前景，很有意见。

现在，集团公司本身有资源和资金，很看好交通工程公司的技术方，那么，如何设计股权方案呢？

有三种设计思路：

第一种思路，对集团来说是最优方案，即等着交通工程公司注销清算后，集团公司直接和技术方，也就是高校教授，进行合伙，这样股权收购成本是最小的，但是周期会比较长。

第二种思路，和交通工程公司的其他股东沟通股权回购或退出问题。因为资源方没有提供资源，可以直接回购，资源方退出。但投资人的退出就比较麻烦，如果集团看好公司的价值，可以考虑按照原始出资或溢价的方式退出，这样能比较快速地推进。如果想打拉锯战，可以进行讨价还价，比如，按照原始出资的一半或者按照实际的净资产价格回购投资人的股权，投资人退出。

第三种思路，是集团公司作为新股东进入，以增资扩股或股权转让方式进入公司，这需要权衡各方的利益和权利，整体考虑集团的控制权设计，让各方股东成为一致行动人，以集团的意见为最终表决意见，或者原股东通过合伙公司进行持股。这是最后的方案，操作难度会比较大，后续股东治理起来也会比较麻烦。

比较可行的是第二种方案，接下来还要设计新的股权合伙方案。

1. 股权架构层面

集团通过资金和运营，占股51%，代持资源方和期权池19%的股权，用于未来引进资源股东和员工激励，因为公司的运营合伙人还没有到位，需要提前预留高比例的期权池。

给予技术方高校教授30%的股权，技术成果归公司所有。对应股权分三年成熟，技术研发团队组建完成成熟10%的股权。对应技术生产的产品达3 000万元销售额时，成熟10%的股权。对应产品产生500万元利润时，成熟10%的股权。如果没有达到相应的条件，就需要进行1元回购，这样既有激励又有考核，实现对技术股东的长期绑定，快速利用技术商业获利。

2. 利润分配层面

净利润的50%由公司留存，剩余净利润按照股权比例分配，期权池对应的利润由公司留存。

3. 退出层面

约定股东3年内不允许退出，否则，由其他股东1元回购股权。3年后根据成熟股权比例对应的净资产价格进行回购退出，承认股东的历史贡献。

总结：不要盲目去合伙，不要拍脑袋分配股权，否则，后续调整成本极高。选择好合伙人是重中之重，人选对了，事就容易做。分配股权需要量化贡献，要有动态调整和退出机制，把丑话说在前面，对大家来说都是一种保护。

3. 股权收购和置换模式

根据公司的战略布局，可以进行股权收购，快速整合人才、资源和资质，通过出让一部分股权或现金，快速整合成为核心团队，不为我所有，但为我所用。还可以通过产业公司之间交叉持股、股权置换，实现你中有我，我中有你，股权共生，股权增值的目的。

案例：看好对方的公司和创业团队，如何合伙

一家科技型公司，深耕行业多年，老板之前认识的一位朋友自己刚刚创业，组建了一个小团队，成立了新公司，属于同行业，做的业务和这位老板有一定的互补。这位老板很看好这位创始人和团队，想进行股权上的深度合作，到底是直接收购对方公司股权，还是让对方来自己公司占股？这位老板犯难了，不知道如何进行股权设计？

首先，系统梳理一下双方的情况，这位老板的公司是行业内的老公司，现在也想找优秀人才加入，自己也想进行行业布局，这位朋友正是自己需要的人员。对方是新公司，资金规模比较小，虽想一起合作，都有各自的想法，想扩大自己的业绩。据此，我设计了两种合作方案。

第一种方案是投资入股模式。

（1）这位老板以投资人的身份入股到新公司，为新公司提供资金和资源支持，作为公司的行业布局。

（2）估值与股权调整

入股前需要确定新公司的估值。因为对方是新公司，估值根据注册资本确定为300万元，这位老板出资90万元，占股30%。同时约定，公司利润超过100万元，管理团队优先分红10%；利润超过200万元，管理团队优先分红20%，激励团队快速作出业绩和利润。增加股权动态调整机制，如果新公司创始人创造的业绩超过1 000万元，这位老板就以初始出资额的估值转让5%的股权给创业团队，业绩超过2 000万元，则按照公司净资产的价格再转让5%的股权。

（3）约定议事规则

为了保护这位老板的投资权益，还要约定投资人保护条款，成立三人董事会，老板占一席，公司团队占二席，加大参与决策的力度。

约定优先认购权，公司增加注册资本或引进投资人后，老板有权但无义务按在公司的持股比例认购新增注册资本。未来在同等条件下，享有优先认购权。

约定对赌回购权，如果公司业绩连续两年低于800万元或达不到发展预期，这位创始人以初始估值的价格回购老板的股权，规避老板的风险。

第二种方案是采用内部创业事业部模式。

这位创始人和团队进入老板的公司体系后，成为公司的新事业部负责人，公司赋能支持，由公司出大部分资金，创业团队出小部分资金，自主经营、自负盈亏，公司占股70%，创业团队占股30%，分红权公司为30%，创业团队为70%。出现亏损时，公司承担90%，创业团队承担10%；如果业绩完成1000万元，就可以注册成立独立的子公司，如果业绩超过2000万元，可以享有集团公司股权认购权。

总结：方案一主要是基于投资的逻辑，可以让创业团队更具主动性，重点约定业绩对赌，投资人权利的保护等。方案二是采用内部创业的模式，整合创业团队到公司体系下，成为内部的事业部，可以让创业团队降低风险，实现责权利的对等，各方的共赢。

案例：连锁公司（门店）的新出路，低成本收购，裂变式发展

这是某地的一家美容连锁机构，拥有10家门店，品牌的口碑、客户满意度、内部运营体系都还不错，主要问题是人才复制慢和发展动力不足，公司已经进入瓶颈期。想进一步扩大连锁规模，实行平台化发展，但没有很好的思路，刚好在本地有一些小型的美容院想转让或进行合伙经营，这位老板想进行股权上的合作，那如何来做呢？

现在，很多小门店、小机构生存非常困难，现金流压力很大，人

员流失严重，这些门店确实是资产洼地，有很大的抄底收购价值。如果你的品牌还可以，运营模式不错，完全可以通过并购的方式去整合小门店和小机构，这样可以迅速以低成本开店，直接换品牌，换模式，上人员，统一运营，统一管理，实现连锁式裂变式发展。

股权并购的方案如下。

第一步，找投资人成立投资公司。

如果这位老板的资金压力大，建议先成立一个投资人的持股平台或成立一家投资公司，专门投资新收购的门店，通过自己的品牌和商业模式，找到相关的投资人和金主为你提供股权并购的资金，按照资金股和人力股各占一半进行配比。比如，融资 1 000 万元，公司估值 2 000 万元，这样可以不出资就占 50% 的股权。要约定清楚投资人的责权利，投资人不参与具体的管理和运营，可以享有收益权，但无表决权。投资人退出时经过创始人同意，才可以对外转让股权，同等条件下创始人有权优先回购。

第二步，与门店或机构谈股权并购方案。

第一种方案，全部收购成为母公司的全资子公司或门店。但条件是一般门店面积 200~500 平方米，经营 5 年以上，年租金在 30 万~50 万元的老店，对此可以直接收购。

非常关键的环节是门店的转让价格，可以参照市盈率的 3 倍，也就是净利润的 3 倍进行收购或者是按照过去两年营业收入的平均值进行收购。全部收购后，统一换牌子，统一换项目，统一换手法，原先的老板成为店长，拿工资，享有 10% 的干股分红权，股权转让款一年内分两次支付完毕，母公司如果进行资本运作享有认购原始股的权利。

第二种方案，部分收购进行股权合营。对于不愿意一次性卖掉的门店，可以进行部分收购，一般母公司要占股 70%，原先老板占股 30%，但分红是五五分成，保留一部分股权，增大分红权，享有年薪工资，让原先老板还是以合伙人的身份参与门店的运营管理，这样就不需要进行现金回购，只是门店所有的成本费用由母公司承担，减轻原老板的压力。如果未来母公司进行资本运作，可以通过股权置换的方式获得母公司原始股。

第三步，为快速回笼资金，对原有门店的客户发行消费股。

门店升级招募门店消费型股东，具体内容如下。

（1）充值 29 800 元。

（2）享有两年门店 1% 的分红权。

（3）消费 1 元等于 1 积分，积分满 20 万分，门店永久分红。

（4）消费积分满 50 万分，获得区域中心分红权。

（5）推荐员工入职满一年，获得 1 万积分。

（6）推荐美容院收购成功，获得 3 万积分。

（7）消费股东专属健康和旅游福利，专属定制用品。

这样现金可以快速回笼，不花一分钱，实现了门店收购。

总结：当地或区域龙头连锁公司想实现连锁裂变式发展，进行低成本股权收购，要找到投资人融资，并购原有门店，自己输出品牌、人员、项目和模式，用别人的钱，别人的店，别人的客户，干自己的事，实现多方共赢。

案例：股权杠杆思维——用 50 万元撬动 500 万元的资产

现在，很多餐饮门店维持生计很难，出现了大规模的亏损。此时很多餐饮门店的资产处在低处，如果能够抄底收购或合作，是很不错的选择。当然，前提是打铁还需自身硬，自己的资金和人才体系要跟得上。

一家连锁餐饮公司，自有门店 5 家，营业额在 3 000 万元左右，运营模式和人才梯队都不错。现在，有一家当地品牌营收在 500 万元左右的门店，因经营不善，每月亏损 10 万元。对此，这位连锁餐饮公司的老板评估了一下，基于之前的品牌和口碑是值得合作的，那么，如何来设计股权方案呢？主要有以下两种模式。

第一种模式，合伙金托管运营。

用50万元的资金撬动500万元的资产。这位老板出资50万元作为合伙金，出团队接管运营这家门店六个月，如果还是继续亏损，从这50万元的合伙金里扣除。如果盈利，每季度进行分红，盈利的部分在20万元以内，老板和团队分配50%，原门店分配50%；超过20万元以上的部分，老板和团队分配70%，原门店分配30%，多劳多得，体现激励性。如果连续亏损6个月，合伙金全部亏完，老板和团队退出合作。6个月后实现盈利，进入股权合作模式，签署合伙协议，老板和团队占股51%，原老板占股49%，成为总部的一个直营门店，实行规范化运作。

第二种模式，合伙分红对赌。

老板出资50万元加上团队品牌，占分红股50%，原门店评估资产为500万元，占分红股50%，按照股权比例承担门店接下来的亏损。

每三个月进行分红，分红金额在60万元以内，按照股权比例进行分配；分红金额超过90万元，老板和团队分配60%，原门店分配40%；分红金额超过120万元，老板和团队分配70%，原门店分配30%。如果原门店总分红超过500万元，老板和团队的股权转为实股，占股51%，原老板占股49%。

同时，老板和团队也可以全部回购原门店的股权，回购价格按照净利润的3倍进行回购，成为总部全资的门店，原先老板完全退出。

如果经营6个月后，未实现总盈利60万元，由原先门店以零元价格回购老板和团队的分红股，老板和运营团队完全退出。

总结：在自身运营团队和资金到位的情况下，遇到运营不好的门店，可以运用合伙人机制，用少资金撬动大资产，用股权合伙模式去把门店盘活，去抄底收购或托管运营这些门店，实现对门店的整合，轻资产运作的目的。

7

|第 7 章|

财税问题案例

　　公司在发展过程中，各位老板应该对财税问题高度重视，合理筹划，降低涉税风险，避免财税问题，减少漏洞，让公司长治久安。下面通过几个案例，重点讲解财税与相关问题。

案例：公司注册资金500万元，是认缴制，实收资本为0元，股权可以0元转让吗

一家贸易型有限责任公司，老板自己100%控股，注册资金500万元，注册资金没有进行实缴，实收资本0元。

截至目前，经过3年经营，公司未分配利润为800万元，净资产为800万元。想要通过股权转让的方式，将股权转让给一位朋友，股权转让协议中约定的转让价格为0元。这位老板是否可以以0元的价格转让自己持有的贸易公司股权呢？因为无转让所得，是不是不需要缴纳个人所得税？

答案是，不能0元转让，0元转让有税务风险。因为当时这位老板实缴为0元，只是代表股权的原值为0元，并不代表股权转让的收入是0元。如果我们申报的股权转让价格低于股权对应的净资产价格，有可能被认定为股权转让价格明显偏低，税务部门会核定股权转让价格的。

如果这位老板需要交税，需要交什么税？需要交多少税呢？我先分析一下这位老板的实际情况。

这位老板转让股权时，需要缴个人所得税和印花税，具体如下。

（1）股权对应的净资产价格为800万元，核定股权转让价格为800万元。

（2）股权转让属于财产转让所得，应缴个人所得税为：（股权转让收入 − 取得股权时的原值和合理费用）×20%＝（800−0）×20%＝160万元。

（3）转让人和受让人分别缴纳股权转让的印花税＝800×0.05%＝4000元。

因此，这位老板一共需要缴纳的税费为个人所得税160万元，印花税4000元。

另外，还需要注意以下几点。

（1）股东和股东之间转让股权需要缴纳个人所得税，应根据投资成本和转让的费用，按照20%的比例缴纳个人所得税。个人股东在股权溢价转让的情况下，个人所得税额的计算公式为：（股权转让收入－投资成本－转让费用）×20%。

《个人所得税法》第二条第一款规定，下列各项个人所得，应当缴纳个人所得税：

（一）工资、薪金所得；

（二）劳务报酬所得；

（三）稿酬所得；

（四）特许权使用费所得；

（五）经营所得；

（六）利息、股息、红利所得；

（七）财产租赁所得；

（八）财产转让所得；

（九）偶然所得。

（2）股权转让收入低于股权对应的净资产份额的，视为明显偏低，主管税务机关可以核定股权转让收入。

国家税务总局关于发布《股权转让所得个人所得税管理办法（试行）》的公告（国家税务总局公告2014年第67号）第十一条规定，符合下列情形之一的，主管税务机关可以核定股权转让收入：

（一）申报的股权转让收入明显偏低且无正当理由的；

……………

第十二条 符合下列情形之一，视为股权转让收入明显偏低：

（一）申报的股权转让收入低于股权对应的净资产份额的。其中，被投资公司拥有土地使用权、房屋、房地产公司未销售房产、知识产权、探矿权、采矿权、股权等资产的，申报的股权转让收入低于股权对应的净资产公允价值份额的；

（二）申报的股权转让收入低于初始投资成本或低于取得该股权所支付的价款及相关税费的；

（三）申报的股权转让收入低于相同或类似条件下同一公司同一股东或其他股东股权转让收入的；

（四）申报的股权转让收入低于相同或类似条件下同类行业的公司股权转让收入的；

（五）不具合理性的无偿让渡股权或股份；

（六）主管税务机关认定的其他情形。

第十三条　符合下列条件之一的股权转让收入明显偏低，视为有正当理由：

（一）能出具有效文件，证明被投资公司因国家政策调整，生产经营受到重大影响，导致低价转让股权；

（二）继承或将股权转让给其能提供具有法律效力身份关系证明的配偶、父母、子女、祖父母、外祖父母、孙子女、外孙子女、兄弟姐妹以及对转让人承担直接抚养或者赡养义务的抚养人或者赡养人；

（三）相关法律、政府文件或公司章程规定，并有相关资料充分证明转让价格合理且真实的本公司员工持有的不能对外转让股权的内部转让；

（四）股权转让双方能够提供有效证据证明其合理性的其他合理情形。

第十四条　主管税务机关应依次按照下列方法核定股权转让收入：

（一）净资产核定法

股权转让收入按照每股净资产或股权对应的净资产份额核定。

被投资公司的土地使用权、房屋、房地产公司未销售房产、知识产权、探矿权、采矿权、股权等资产占公司总资产比例超过20%的，主管税务机关可参照纳税人提供的具有法定资质的中介机构出具的资产评估报告核定股权转让收入。

6个月内再次发生股权转让且被投资公司净资产未发生重大变化的，主管税务机关可参照上一次股权转让时被投资公司的资产评估报告核定此次股权转让收入。

（二）类比法

（1）参照相同或类似条件下同一公司同一股东或其他股东股权转让收入核定。

（2）参照相同或类似条件下同类行业公司股权转让收入核定。

（三）其他合理方法

主管税务机关采用以上方法核定股权转让收入存在困难的，可以采取其他合理方法核定。

总结：在利润较低或净资产较低的时候转让股权可以规避股权转让税负过高的问题，同时，要做好股权转让的税收筹划，合理合法的降低税负。

案例：老板如何从公司安全又节税地拿走收入

为什么公司是赚钱的，但老板个人却没钱，原因到底是什么呢？老板如何从公司既安全又合法地拿走收入？

公司赚钱而老板却没钱原因可能是：公司盈利情况还不错，但大部分是应收账款，财务报表显示是赚钱的，实际却没有现金。钱都在公司账上，老板是自然人持股，老板不愿意通过分红来拿钱，个税太高，需要缴纳20%的个人所得税，所以钱都在公司账上，老板兜里没钱。

作为老板，如何从公司安全又合法地拿走收入呢？

以下几种方式，可供参考。

1. 老板也要给自己发工资

作为老板，在公司实际是双重身份，既是员工，也是股东。公司老板作为员工，可以拿走工资和薪金。个税调整之后，年薪12万左右，通过扣除，可以不用交税。年薪超过百万元，税率达到45%，税负比较高。因此，要多种收入模式结合，实现税收筹划，降低整体税负。

2. 通过业务外包，降低主体公司利润

将公司的合适的业务项目或服务外包给税负更低的外部公司，当然，要以公允的价格进行交易。钱支付过去以后就是外面公司的收入了，对于主体公司来说是增加了成本，减少了利润，最终也就减少了企业所得税。这要求外部公司要有比较低的税负，主要体现在，小规模纳税人的免税和低税率优惠，所得税核定征收或其他政策上的奖励等，还可以在税收洼地纳税。原则上只要低于个人所得税20%的税率就是划算的。

3. 利润分红模式

公司有利润了就可以分红，自然人股东需要缴纳20%的个人所得税。但如果你是持股公司法人股东，就可以免征企业所得税，不需要分红到个人，就不用交个人所得税。因此，建议老板成立一家自己的持股公司，专门用来投资公司，投资公司获得的收入为免税收入，可以用分红的钱投资另外的公司，转增投资公司的实收资本也免征企业所得税。这样，可以实现一手分红，不用缴纳税；一手投资，有联动。

4. 通过股权转让的方式

老板可以把自己的股权转让出去获得财富，相当于是一次性套现，当然，这也需要缴税。自然人股东为股权收入减去股权的出资和成本乘以20%，法人股东需要缴纳25%的企业所得税，分红给个人的还需要再缴纳20%的个税。

5.老板可以向公司借款

老板可以向公司借款，如果用于经营或按时归还，就不会产生个人所得税的风险，要注意的是，归还时间是当年年底的 12 月 31 日前，否则，会有涉税风险，会视同分红缴纳 20% 的个人所得税。主要法律依据为：

（1）《财政部、国家税务总局关于规范个人投资者个人所得税征收管理的通知》（财税〔2003〕158 号）第二条规定，纳税年度内个人投资者从其投资公司（个人独资公司、合伙公司除外）借款，在该纳税年度终了后既不归还，又未用于公司生产经营的，其未归还的借款可视为公司对个人投资者的红利分配，依照"利息、股息、红利所得"项目计征个人所得税。

（2）《财政部、国家税务总局关于公司为个人购买房屋或其他财产征收个人所得税问题的批复》（财税〔2008〕83 号）指出，根据《中华人民共和国个人所得税法》和《财政部、国家税务总局关于规范个人投资者个人所得税征收管理的通知》（财税〔2003〕158 号）的有关规定，符合以下情形的房屋或其他财产，不论所有权人是否将财产无偿或有偿交付公司使用，其实质均为公司对个人进行了实物性质的分配，应依法计征个人所得税。

（一）公司出资购买房屋及其他财产，将所有权登记为投资者个人、投资者家庭成员或公司其他人员的；

（二）公司投资者个人、投资者家庭成员或公司其他人员向公司借款用于购买房屋及其他财产，将所有权登记为投资者、投资者家庭成员或公司其他人员，且借款年度终了后未归还借款的。

（3）《国家税务总局关于印发〈个人所得税管理办法〉的通知》（国税发〔2005〕120 号）第三十五条规定，各级税务机关应强化对个体工商户、个人独资公司和合伙公司投资者以及独立从事劳务活动的个人的个人所得税征管。加强个人投资者从其投资公司借款的管理，对期限超过一年又未用于公司生产经营的借款，严格按照有关规定征税。

当然，还有其他的方式，比如，以公司名义购买汽车、房产、获得补贴等，在此不一一论述了。

总结：只有缴过税的钱，才是属于自己的钱。真正的有钱人，钱不在个人手里，而在老板的持股公司账上。合法、安全、又节税地从公司拿走收入，规避涉税风险。

8

合伙人机制语录

1. 合伙人找对了，事半功倍；合伙人找错了，事倍功半；

合伙机制做对了，一马平川；合伙机制做错了，沟沟坎坎；

合伙规则做对了，好聚好散；合伙规则做错了，纠纷不断。

2. 公司实行合伙人机制必须过三关：

（1）人性过关，老板舍得的智慧；

（2）信任过关，员工给予的相信；

（3）方案过关，方案落地的合理。

3. 经营公司本质就是，经营人才。把对公司有价值创造的人变为公司的合伙人，你的公司将战无不胜！

优秀的机制造就优秀的员工、优秀的管理人员、优秀的合伙人，实现公司无为而治，基业长青。

4. 老板的关键工作是分钱，分钱的关键要领是先分钱，后赚钱，而不是等赚了钱再研究怎么分，先谈分钱规则再谈干活规则。分钱的背后是分责和分权，共创共享，还要共担。只有老板把公司当成大家的，员工才能把公司当成自己的。

5. 让员工为公司干，视为为自己干，就必须建立合伙人机制，合伙人机制包括进入机制、发展机制、考核机制、退出机制等。

6. 分好蛋糕是手段，做大蛋糕是目的。只有分好了蛋糕，才能做大蛋糕。股权激励让有恒产者有恒心，为自己干，才能最大限度激发活力和动力，才能把一个人的梦想转变为一群人的梦想，用机制激活人心。

7. 股权激励不是交易，是用心换心。最大的激励是以真心换真心，是信任、是授权。用真心，就会有团队、有伙伴、有追随者、有合伙人，与你长期同行。

8.每一位老板都要具有股权设计思维，业绩增长首先是设计出来的，然后才是做出来的。

想明白三个问题：

一是未来的顶层架构如何搭建，业绩增长空间在哪里？

二是做好合伙人机制，如何把员工发展成内部合伙人，如何整合客户上下游并发展成外部合伙人？

三是做哪些工作能产生业绩，能够持续地实现业绩增长，让公司从赚钱变值钱。

9.股权设计的过程不是零和博弈，而是价值观的形成一致的过程，股权设计的结果不是一方赢，而是多方共赢。只有共赢，才能达到"你中有我，我中有你"的共生状态。方法比方案重要，价值观比方法重要。

10.利可共而不可独，谋可寡而不可众。员工不是追随老板，而是追随他们自己心中的梦想。老板要做员工梦想的化身，敢于分钱又懂得分钱，做好顶层控制权设计，建立治理结构；做好底层分红权设计，员工持续追随，才能基业长青！

11.股权设计的灵魂就是平衡，平衡控制与释放，平衡赚钱与分钱，平衡融钱与花钱，平衡进攻与防守，平衡战略与资源。

12.要"熬"下去，更要"合"下去。

要从一起变成一体，从一起做事变成命运共同体。

要从共创共享变成共担共生，统一利益，统一风险，上下同心，勇往直前。

13. 公司的机制应顺应时代而进行调整。合伙人机制的建立可以更好地吸引人才，激励人才，整合市场，拓展资源，一手分钱，一手还要收钱。只有上下打通，才能成功，真正实现共创共享共担，建立命运共同体。

14. 签下的是股东协议，承担的是创业责任。用好股权，吸引合伙人、资源方和资金方等；做好股权设计，约定进入、调整、议事规则、利润分配和退出机制等，这样才能奠定公司快速发展的基石。

15. 老板具备股权思维认知是公司做大做强做久的基础，用股权去整合内部和外部合伙人，实现产业生态化、公司平台化和人才合伙化的发展。

16. 把公司做成平台，打造生态型组织，把公司业务蛋糕做大，搭建行业赋能平台。把责任分出去，把利润分出去，扩大市场占有率，吸引行业人才带资源投靠。

17. 做股权设计与股权激励时，事前做的都是设计，事后做的都是问题，再好的感情和说辞都比不过事前的一纸协议。

18. 股权不是财富，只有把股权释放出去，才能换来财富。学会释放股权，统一利益，凝聚人心，善驱人者可征万业。

19. 合伙人的信任力就是超能力，相互信任，相互欣赏，相互支持，心意相通，合作无间能够产生巨大的能量，实现一加一大于二的效果，才能战胜创业中的困难，取得市场竞争中的胜利。

20. 股权的授予，合伙人协议的签订就是公司老板给员工最好的礼物，为用心付出的员工创造美好生活，成为公司发展的命运共同体。

结语

星光不问赶路人，时光不负有心人，征途漫漫，唯有学习与践行。

学习合伙人机制不仅在于知，更在于行。知易行难，世界上最遥远的距离，就是知道与做到，知道和做到之间相距十万八千里。掌握了大方向，大原则，就要大胆地把合伙人机制逐步实施，找到从零到亿的跨越式发展路径，早日成立行业领军者。

后记

　　到这里，本书的讲解就结束了。李安导演在《饮食男女》里所讲："人生不能像做菜，等到所有的料都准备好了才下锅。"做合伙人机制也是一样，不要等所有条件都到位了才去执行，知易行难，先有行，才有果，去践行必有所得。创始人和公司要顺势而为，经营人心、管理人性，建立起合伙人机制，激活组织，方能基业长青。希望各位读者通过阅读本书的内容，加上自己的实践，能够少走弯路，不踩大坑，站在顶层，重新理解合伙人机制。

　　停笔下来，能有这些感悟和收获，要感谢的人太多。

　　首先，感谢各位客户和伙伴。总以为自己在付出，其实收获最多的是自己。本书是把我见到的人，做过的事，所感与所悟进行了提炼总结，是这些年的股权咨询落地经历，书中的部分观点也是与客户和伙伴共创的结晶。善行利他，希望更多的朋友看到，有所受益。

　　其次，感谢我的爱人、儿子及家人，是他们的理解和包容，才能让我有充足的时间，将有温度和情感的文字记录下来。

　　最后，感谢各位读者，有你们的支持，我才能走得更远。如果您发现书中有不足之处，还敬请提出，我们共同探讨交流。